阅读成就思想……

Read to Achieve

凿开公司间的隔栅
共享时代的联合办公

毛大庆　高冬梅　/ 著

Breaking
The
Barrier
Co-working in
the Era
of Sharing

中国人民大学出版社
·北京·

本书赞誉

从"创业"到"创富",还有很多路要走。尤其对一家初创小微企业而言,常常会遇到这样、那样的问题,会面临很多的风险点,而无论是资金、资源的问题,还是人脉、政策的问题,都可能导致创业失败。优客工场恰恰是在这些风险点上解决了这些障碍。

罗振宇
罗辑思维创始人

"创业不易,存活更难"。在毛大庆所著《凿开公司间的隔栅》一书中,他把联合办公定位成社群,像是一座微缩版的城市综合体,入驻企业在这里"众创""众包""众筹""众扶"。优客工场的实践证明了,通过打造温暖的联合办公空间,创业者在前行的路上不再孤单。

秦朔
资深媒体人、原上海东方传媒集团有限公司副总裁、《第一财经日报》总编辑

我非常认同优客工场的商业逻辑,即以品牌管理输出 - 租赁 - 物业资产为物理空间设置的主营业务线,与线上社群、生态投资等辅助业务线之间构成层次清晰且高度互补的组合,完美打造了办公及生活服务闭环。

沈南鹏
红杉资本全球执行合伙人、红杉资本中国基金创始及执行合伙人

凿开公司间的隔栅
　　共享时代的联合办公

　　优客工场在短短不到两年内,凭借发展速度、品牌和独特的商业模式,已经初步完成了战略布局,居于行业领先地位,深受资本市场关注,发展前景可期。

汪静波
诺亚财富董事局主席兼 CEO

　　优客工场已经在众多联合办公品牌中脱颖而出,走到了该行业的最前列。更重要的是,这说明联合办公行业已经得到投资人和业界的一致肯定,大家共同看好该行业未来巨大的发展空间。

韩学渊
汉富控股董事长

　　随着市场需求的不断变化,众创空间也面临着一系列问题与挑战。一些地区把建设众创空间数量当作硬指标,或者通过政策优惠强行推出一些成长性较差、功能性较低的众创空间,这只能形成表面的繁荣,难以从实质上促进创新创业。毛总在《凿开公司间的隔栅》中对这些问题进行了深入的阐述,对于当前国内致力于分享办公的创业者来说,都具有切实可行的借鉴意义。

沈国军
银泰集团董事长兼总裁

　　庆庆哥在《凿开公司间的隔栅》一书中提出的"共享际"(5Lmeet)理念为我们的"许飞吉他私塾·音乐便利店"获得了能聚合更多除了音乐以外的社群内容,我们在入驻优客工场后与优客工场、悦跑圈和光线传媒开启了强强联手模式,共同助力私塾发展,推进其尽快迈入"音乐便利店"的 2.0 版本。

许飞
著名音乐人、"许飞吉他私塾"创始人

优客工场本身是一家创业公司，作为国内领先的众创空间，场区内又集聚了大量的中小创业公司。如何帮助这些中小微企业快速成长为有实力的公司，绝不是提供房子和桌子这么简单，毛总领导下的优客工场创新性地用生态圈体系的方法，"凿开公司间的隔栅"，给这些入驻企业提供了一个资源整合平台、全要素孵化平台，这也是众创空间本身的意义之所在。

高超
优客工场执行合伙人兼首席市场官、优客里邻创始人

推荐序一

一个始终奔跑的斜杠青年

很多朋友要我把大庆介绍给他们认识,我把他介绍给我朋友的方式,这几年产生了不少的变化。

以前,我在介绍大庆时总要说,这是万科集团的高级副总裁,是王石用两年时间把他从凯德挖到了万科。现在,那些希望通过我认识大庆的朋友,都指名道姓地说想要认识那个优客工场(UrWork)的创始人毛大庆。而与大庆初次见面时的寒暄,也变成了有关联合办公、共享生态以及创业心得的探讨,当然,还有马拉松。

作为一名投资人,这是我最愿意看到的变化之一。之前我曾投过3W咖啡馆,这同样是一家集创业、孵化器、创业基金、品牌推广、人才招聘等于一体的完整创业生态体系的咖啡馆,也会有办公租赁和分享经济的业务。所以听闻优客工场时,让我也对毛大庆的这次创业产生了兴趣。

我们谈得很深、很透。从全球共享经济的大趋势到国内的"大众创业、万众创新",从 Uber、Airbnb 到滴滴、WeWork,这些在全球未上市企业估值最高的独角兽,都是我们谈论的对象。

还记得有一次聊天,大庆说,改革开放之后,我国共有四次创业潮。第一次是 20 世纪 80 年代末以个体户为代表,以万元户为成功者的创业潮;第二次是"九二派"辞职下海,出现了易小迪、冯仑、陈东升、王石等一批企业家的创业潮;第三次是在 2000 年世纪之交之后,出现了一批互联网模块创业者,比如阿里巴巴、百度、腾讯等的创业潮。而这次创业大潮是中国社会一个深度变革的开始,其特别之处在于,是一次全民的创业大潮。

我问他有什么具体想法时,毛大庆的回答正如他在《凿开公司间的隔栅》这本书里写到的,通过大量的国际化研究后,他要打造一个全新的联合办公空间,建设基于社群的商业社交平台和资源配置平台,充分激发城市创造力阶层的创新活力。2015 年 4 月,优客工场在万众瞩目下诞生了。

去过优客工场的朋友会发现,这里除了给大家提供物理层面的共享办公空间外,还能为入驻的创新企业提供生存和成长的所有服务。你可以在这里租到一张桌子、一间会议室,可以在这里享受到专业的财务服务、人力服务、法律服务、对接天使投资的服务,同样你还可以享受到专业的、零距离的培训服务。

这其实都是在大庆的规划蓝图中——打造创业生态圈。这在本书的最后一章"社群时代的新物种：创业生态圈"有详细的阐述。还记得他最初跟我讨论"共享际"（5Lmeet）的设想时，他说了五个 L：livable（宜居的）、linked（互联的）、liberal（开放的）、lively（有生气的）、landscape（生态的）。不难看出，他的"共享际"是要打造生活与工作结合的"活力社区"，通过融合工作、居住、社区、娱乐、商业等要素，致力于打造服务创新、创业的复合型社区，聚集这个城市内包括所有创新、创业人口在内的"创造性人口"，并借助活力社区为创业者提供广泛的社交和资源整合渠道，降低创业者的创业门槛，减少生活的焦躁，加速创业者的创业进程和提高创新成功率，为创造性人口提供一体化服务，让他们更为高效地创业，更有品质地生活。

所以，投优客工场对我来说没有过多的犹豫，除了对其行业及商业模式的认可，创始人及公司团队也是我决定的重要因素。

同期，红杉资本中国基金董事长沈南鹏、创新工场创始人李开复、诺亚财富董事长汪静波、联创策源创始合伙人冯波、北京常青藤医学高端人才联盟联合创始人赵智勇、和合嘉利置业董事长刘畅、亿润投资董事长赵彬、清控科创董事长秦君、金地产机构董事长周金旺等人，也同为优客工场天使投资人。

不到两年的时间，大庆带着优客工场不停地奔跑，他把在奔跑中对联合办公空间的思考与实践写进了这本书中，《凿开公司间的隔栅》为广大创业者提供了值得借鉴的宝贵经验。

目前，优客工场已经完成了自身生态圈体系的搭建，已初步形成联合办公空间、FA 平台、人力资源、商学院、文化传媒、国际共享医疗平台、互联网＋体育旅游、知识产权生态链、金融服务、创业加速教育、编程普及和空间设计等领域的闭环。

值得高兴的是，迄今优客工场已陆续完成 6 次融资，估值近 70 亿元人民币。在真格基金的投资列表中又多了一只独角兽，这让我更加坚定了优客工场的商业逻辑。

做创始人其实是一件非常耗体力的事，要有旺盛的精力和坚强的意志，大庆似乎天生就具备这样的能力。他是两家公司的创始人、他翻译畅销书、写书、跑马拉松，他是共享经济领域的专家……你很难用一个标签定义他，他是一个典型的斜杠青年。

实事上，我快记不清大庆已经跑了多少个马拉松了，尽管他时常还要和我说起，他 50 岁之前还要跑完多少个马拉松。有时候我对他旺盛的精力十分惊诧，因为这些马拉松都是在繁重的创业工作之余完成的。一个创业者，恐怕只有这样的精力与决心，才能不负自己的梦想，也许在大庆的心里，创业的路和马拉松的路都是一条路，等在终点的都是同一个梦想。

徐小平

真格基金创始人

推荐序二

让平行世界的人相互遇见

在我的印象中,最早对工业化科层制度和办公室模式提出变革性建议的是阿尔文·托夫勒。早在1980年,他在《第三次浪潮》中就认为,信息化革命所带来的新的生产体制,将把千万人从工厂和办公室中解放出来,从而进入到以先进的电子科学为基础的家庭生产时代。

托夫勒"猜中"了变化,却没有"猜中"变化后的新型态,被解放出来的人们没有回到家庭,而是进入到了一种新的、耗散型的群居协作模式之中。

《凿开公司间的隔栅》一书所描述的正是其中的一种高效型态——联合办公模式。

2015年3月8日,时任万科高级副总裁的毛大庆宣布辞职,短短一个月后，他创办了优客工场。

毛大庆将优客工场定位为一个以社群为基础的商业社交和资源配置平台，当这个平台成员之间产生互动，火花随时就有可能产生。他认为优客工场的核心不是办公，是连接人与人、人与服务、对接各种资源的分享平台。

优客工场把盈利模式分为四个部分：办公桌出租；基础增值服务，如会议室、IT维修服务等；高级服务，如培训、传媒推广、活动组织等；会员体系，收取相应的会员费，加入会员即可享受各种资源与福利。随着项目数量和入驻团队增加，优客工场就会把一些高频使用而且还能盈利的服务做大，进而形成独立的公司，商学院、传媒公司等近二十多家公司随之诞生。

2017年1月18日，优客工场宣布获得B轮4亿元人民币的融资，估值攀升至70亿元人民币，成为国内联合办公领域第一只"独角兽"。

毛大庆曾在接受媒体采访时袒露："我们前面的榜样是WeWork。"WeWork是一家总部位于美国的联合办公创业公司，根据公开报道，其在2016年的估值高达160亿美元，目前正在加速进军中国的步伐。

吴声曾在《场景革命》一书中分享：场景时代是对流量时代的一次革命，场景成为新流量入口，成为在移动互联网时代我们与世界的连接方式，成为新的商业生态。共享经济就是场景商业的典型范式。

推荐序二
让平行世界的人相互遇见

2017年4月，毛大庆所著的《凿开公司间的隔栅》即将面市，他在书中梳理了众创空间发展脉络以及运营模式，分享了优客工场两年间关于共享型理念和经济的践行。

全书引发以下一些思索：当共创空间凿开隔栅，突破物理界限，作为流量入口，成为移动互联时代我们与世界的一种联结方式，成为新的商业生态。那么，如何丰富体验细节，洞察新的场景可能，构建新的社群和表达的亚文化标签，决定了我们最终享受新场景红利的可能性，这将赋予我们更多有趣的想象。

传统工作场景能不能呈现不同的面貌

越来越多的创新型工作方式帮助我们打破了传统工业时代办公的格子间。长期来看，在当下的共享经济、极客经济中，人们正在把谋生的工作变成自我实现之旅，我们每个人都有自己的比较优势，通过尽可能发挥自己的比较优势，我们也都能够找到让自己通往幸福的工作。联合办公是让我们达到工作理想未来的一条必经之路。

流动空间真正的精神在于，对很多人来说，职场已经变成了一个实时的、按需获得的生态系统。随着工作本质的改变，人们每天开始寻找能够使其发挥出最大创造力和生产力的工作场所。职场革命将把我们引向何方？除了移动性变大以外，我们从全职员工转变为自由职业者或独立顾问，变得比以往更分散了，我们的工作需要与他人合作。公司办公室、家和咖啡馆等都不能提供充分发挥我们创造力与生产力所需的地点、基础设施和氛围。联合办公空间便是这样的解决方案。

工作空间能不能重新定义

一场重新定义工作以及工作场所的革命即将到来，工作将回到以人为中心的本质。与以往物理空间带来的局限相比，新工作模式是以共享目标和价值为核心的。

优客工场模式最核心的就是"以桌子为入口，多维度盈利，共享即价值，大数据是资产"。最早我们以为拿桌子赚钱，现在变成了桌子仅仅是入口，多维度盈利，共享才可以带来价值，最后是大数据。我们会在未来的三到四年之内，看见大数据和共享办公结合产生出的巨大魅力。

试想，优客工场凝聚着大量的投资者、创业者与高创造力的群体，共享的资源可以连接这里面个人和企业的最佳能力，其实质就是高效利用每种资源和每个利益相关者。"连接"能带来行业的优势（需要较大的规模和大量资源），"个人"能带来个体的优势（本地化、专业化和定制化），两者的有效结合就会产生意想不到的结果，甚至可能创造奇迹。通过利用已有资源，如有形资产、技术、网络、设备、数据、社区等实现O2O商业社交平台，优客工场的创业企业就会实现几何级飞跃式成长。

共享经济重新书写了价值创造的法则：分享资源会带来更高的效率；分享知识会带来更伟大的创新。可以说，共享是商业界"共同价值"的必然。

平行世界的人可否相互遇见

共享经济不仅仅是一种商业模式，它还在重新构建人与人之间的关系。中国明代最著名的思想家、哲学家、文学家和军事家王阳明的心学总结是："无善无恶心之体，有善有恶意之动，知善知恶是良知，为善去恶是格物。"共享经济重新构建人与人之间的关系，对"陌生人社区、半熟人社区、熟人社区"分别进行着圈层化互动，基于某种物质、空间、时间的"共享"，人们从"无善无恶心之体"的陌生人交往逐步向"为善去恶是格物"的熟人关系移动，这种移动重新书写了人与人的关系，升华了整个共享体验。

入驻企业在优客工场可以找到家的感觉，可以找到久违了的"大院""村庄"的感觉。人们互相认识，互相帮忙，互相共享信息，互相聊天谈事。我们最终会发现，在共享经济的氛围里，商业、盈利、成功仿佛已经退居次要位置，人与人的沟通、连接、交流更显得弥足珍贵。

吴晓波

财经作家

推荐序三

以优客工场为代表的联合办公是新物种

拿到大庆送来的书稿,我觉得《凿开公司间的隔栅:共享时代的联合办公》的书名非常能体现大庆三年来所追寻的创业初衷。

我相信凡是去过优客工场任何一个场区的人都会有这样的感受:优客工场将社区融入到办公场景之中,展现的是全新的商务场景,生活和工作场景的自然融合。我们大多数人都有在传统写字楼里办公的经历,公司与公司被格子间相互隔绝,而优客工场把公司间的隔栅打破,为创业者、自由职业者以及小微企业提供了联合办公空间,并通过优客工场营造的物理场区环境,建立良好的社区黏性。

正如我在《场景革命》一书中提出的:"当今时代的商业革命,是以场景为本、用户为中心,而支撑场景的核心要素即为体验、链接、社群和数据。"

当用户在场景中有极佳的体验时，会通过转发把场景链接共享给更多的人，进而在过程中形成社群，并出现属于社群特有的数据，而数据将继续支撑和不断优化场景，甚至创造出新的场景。新场景就是新土壤，会生发出新物种。

毛大庆打造的联合办公是一个典型的新物种。在优客工场中，创业者享有的不只是月租、日租等多种办公室租赁形式，更重要的是在优客工场围绕创业所创建的服务生态链中，产生投资、合作、社交、推广、人力、法律、财务等无数连接的可能。它不是传统意义上的办公室租用，而是社交办公、垂直众创空间带来的内容联想能力，因而其盈利模式也并非简单地来自于租金收益，而是基于生态交融的新物种诞生、引爆和持续交互产生的增量价值。

例如，入驻优客工场不仅有"悦跑圈""跑哪儿""全球铁三"这些跟体育产业相关的企业，还有"财新雅趣""秘境""思清音乐""许飞吉他私塾""文艺+萌"等文化传媒类企业，更有"轻客""优和维尔健康""优悦科技"等医疗科技类企业，甚至有"蜜斯蜜糖""醉鹅娘""80秒咖啡""自我主张"等美食类企业。在这里不同类型的企业相互"杂交"，取长补短，交流、往来、合作已然成为常态。例如，"自我主张"为"跑哪儿"定制独一无二的团服；"悦跑圈"与"许飞吉他私塾"合作组织艺人跑；"轻客"为"财新雅趣"提供助力自行车活动；"优悦科技"为"秘境"设计公司 Logo。

在大庆的书中，康壹科技创始人段然也有类似的看法：优客工场不断在成长，搭建的还是一个生态。所有的生态必须有一个特性，就是能孵化出新物种。如果不是新物种，不管在哪儿办公，我还是我。因为有了优客工场的存在，我可能变成了另外一个物种。我原来是做手机的，现在变成了手机软件一体化解决的服务商或者说合作商。

场景实验室为什么会选择做新物种作为赛道？正如大庆曾说过的，是因为今天的人类社会又迎来了一个伟大的互联网时代的到来。新物种会以新的样式自我生长，在新的土壤里崛起。

期待有更多的像优客工场的新物种涌现。

吴　声

场景实验室创始人

前　言

拨开众创空间的面纱

依托巨大的市场，我国正在成为全世界范围内共享经济发展的新增长点。与此同时，作为共享经济重要组成部分的众创空间也得到了广泛的关注和重视。

"众创"一词最早来自2014年9月李克强总理在夏季达沃斯论坛上的发言。2015年，"大众创业、万众创新"在政府工作报告中再次被提出来，意在通过鼓励创新型经济，加大研发、技术、创新在国民经济体系中的比重，完成经济增长方式转变和经济结构调整。

围绕这一核心思路，我国政府采取了一系列的措施。

一是商事制度改革。商事制度改革主要从以下几个方面着手：

- 改注册资本实缴制为认缴登记制；
- 改"先证后照"为"先照后证"；

- 将工商登记前置审批许可改为后置审批许可，仅保留34项前置审批许可项目；
- 改企业年检制为年报公示制；
- 改市场巡查为随机抽查，实现抽查对象和抽查主体"双随机"，进一步规范部门执法，减少执法上的随意性；
- 简化市场主体住所（经营场所）登记手续；
- 推行电子营业执照和全程电子化登记管理。

这一项改革极大地激发了民间的创业热情，公司注册、兴办的门槛大为降低，客观上形成了众创空间的巨大需求。

二是普惠性税收措施的实施。普惠性税收措施主要体现在落实科技企业孵化器、大学科技园、研发费用加计扣除、固定资产加速折旧等税收优惠政策上，对符合条件的众创空间等新型孵化机构适用科技企业孵化器税收优惠政策。按照税制改革方向和要求，对包括天使投资在内的投向种子期、初创期等创新活动的投资，统筹研究相关税收支持政策。

这一系列措施对投资、兴办创业企业从税收政策上予以了极大的鼓励，对创业企业负担的减轻、盈利能力的加强起到了正向积极的作用，也在客观上增强了对众创空间需求的持续性。

三是优化资本市场。资本市场的优化包括支持符合条件的创业企业上市或发行票据融资，并鼓励创业企业通过债券市场筹集资金，以及积极研究尚未盈利的互联网和高新技术企业到创业板发行上市制度等方面。

资本市场衔接制度的建立，为众创空间自身及其服务企业和个人的未来发展前景规划了较为明确的路径，给众创空间与资本对接以及未来资本的获利退出模式预留了空间。

为推动经济结构调整和经济增长方式转变，并配合"大众创业、万众创新"的战略引导，我国政府进行的商事注册制度、科研经费使用制度、创新产业的税收减免制度等一系列重大改革，极大地鼓励了创业、创新的热情，一个创新创业的时代正在徐徐走来。

可以说，2015年是众创空间元年，在政策引导和市场虹吸的双重作用下，众创空间璨然爆发。2016年，以优客工场、3Q等为代表的一批众创企业迎来巨大的发展机遇，并在发展道路上做出了一系列有益的尝试和探索。

全社会范围内创新、创业的热情催生了大量小微创业企业的办公需求。这类创新企业固然需要符合自己创业发展阶段的物理办公条件，但更重要的是，创业者们更需要一个能够激发商业灵感、整合上下游合作链条的创业生态。这正是共享办公需求得以快速增长的市场基础。

不过，蓬勃昂扬的态势并不能掩盖中国众创空间在成长中的问题。概念化的"一拥而上"、缺乏明确可行的行业标准、运营主体专业素质和能力良莠不齐等因素都在制约着众创空间——这个有着庞大需求和市场前景的朝阳产业。

在实施供给侧结构性改革作为中国经济转型升级主线的背景下，众创空间还承担着去化过剩产能、盘活城市存量不动产、为创新经济发展降低成本的任务。只有对我国众创空间的发展现状有清醒的认知、对行业趋势有准确的判断以及对市场各主体的角色有清晰的界定，众创空间才能在经济结构调整和经济增长方式转变方面发挥更大的作用。

本书试图通过对众创空间历史发展脉络的梳理，对当下中国众创空间的现状进行盘点，对众创空间的运营模式进行分析，对众创空间的未来发展趋势进行展望，以及对优客工场在我国众创空间发展过程中的探索进行梳理和总结，从而呈现出众创空间的清晰图景，让广大读者更好地了解和认识众创空间，愿意接触和使用众创空间，以满足创业者的创业、创新需求乃至为我国的共享经济蓝图贡献出自己的一份力量。

目 录

第一部分　传统办公模式终结者：众创空间　001

第 1 章　职场的颠覆性革命　003

工作的本质　004

未来职业的改变：斜杠青年的兴起　007

凿开公司里的格子间　009

职场新格局：联合办公　011

众创空间：创业者的天堂　016

第 2 章　众创空间的崛起　019

从格子间到众创空间的蜕变　020

国外众创空间概览　024

第 3 章　WeWork 还是 YC：美国众创空间的启示　043

WeWork 模式　044

YC 模式　052

美国众创空间的发展特点　056

第 4 章　中国式众创空间：分散的桌子们　059

　　中国众创空间的发展现状　059

　　中国众创空间的主要模式　063

　　中国众创空间发展的新要求　077

　　中国众创空间面临的问题和挑战　078

第 5 章　践行者优客工场的探索　081

　　优客工场的战略　081

　　定位：做中小企业加速器　086

　　空间的场景化设计　089

　　推动众创空间快速发展　096

第二部分　共享的不只是办公，更是社群　099

第 6 章　众创空间的共享理念　101

　　全球化视角下的共享经济　102

　　商业世界的"共同价值"　106

　　重视用户体验　113

　　共享经济的九字要诀　116

第 7 章　共享技术和服务　123

　　接入大数据思维　123

　　构建线上生态圈　129

第 8 章　共享人才　151

　　用好专业人才的知识盈余　152

优客互融开启"共享人"时代　156

王冠上的明珠：财务顾问服务　158

优客工场的财务顾问服务　163

第9章　构建同一屋檐下的社群经济　165

社群生态的商业逻辑　165

用共享经济输出人性的温暖　173

社群经济促进企业品牌人格化　179

第三部分　众创空间的未来蜕变：从平台到创业生态圈　183

第10章　创业服务平台　185

从衍生服务到服务平台搭建　185

抓住痛点，服务升级　192

打造更垂直的服务平台　196

第11章　社群时代的新物种：创业生态圈　205

优客工场的创业生态圈　206

从共享办公到共享社区　212

众创空间的新定位　220

未来发展方向初探　224

结　语　229

后　记　235

第一部分

传统办公模式终结者：众创空间

第 1 章

职场的颠覆性革命

我去伦敦考察时,发现了一幢非常有意思的写字楼,里面的 40 座剧场都是可以共享的,所有人都可以上台表演,也可以当导演,还可以当观众。这幢写字楼每天都被订满,其商业模式颠覆了我对城市中传统办公楼的刻板印象。

丝科创投(SILK)位于英国金丝雀码头的众创空间

工作的本质

凯文·库斯克（Kevin Kuske）工作的时候不用办公桌。你或许会看到凯文和他的同事坐在沙发上，在白板上写写画画，头脑风暴出新点子。当凯文需要进行比较正式的工作时，他会选择会议室，那里配备着最先进的视频会议设备。他最喜欢的办公地点是办公室厨房旁边一张像吧台一样高的大桌子，可以一边工作一边吃零食、喝咖啡。有时他会独自专注地工作，但通常是和两三个同事一起工作。一起工作的同事并不固定，随着工作和交谈的进行，他们会走走停停。

这是《工作的未来：移动办公及创业的另一种可能》（*The Rise of the Naked Economy：How to Benefit from the Changing Workplace*）一书中赖安·库纳缇（Ryan Coonerty）对未来工作场景的描述。凯文的工作环境听起来像一家时髦高档的营销公司或一家资金雄厚的高科技初创企业，但事实并非如此。这个没有办公桌的人在哪里上班呢？答案令人吃惊。凯文·库斯克是一家办公家具公司的总经理，领导着特斯顿公司（Turnstone），该公司是世界上最大的办公家具公司 Steelcase 公司旗下的一个品牌。在领英（LinkedIn）的自我简介里，凯文·库斯克把自己称为"头号麻烦制造者"，这让人们对特斯顿颠覆性的公司文化会略有感知。

想一想，无论是公司白领还是国企职员，作为普通上班族的你是否都期待摆脱：

第 1 章
职场的颠覆性革命

- 超级拥堵的城市交通；
- 在人会被挤成馅饼的地铁中待上两个小时上下班；
- 不得不在两平米见方的办公室小格栅中至少消磨掉一天中精力最好的 8 小时；
- 以管理为名，时刻盯着你是否在工作的老板；
- 一些具有奇葩窥探欲和打听狂的同事；
- 公司变态的加班文化。

摆脱这一切看似是一种非主流的观点，但是它正逐渐变成现实。在未来，人们的工作状态会发生巨大的变化：我们坐在海边，打开一台电脑，边聆听大海与风浪的和鸣，边惬意地工作；偶尔，我们也可以坐在床上，身穿睡衣、脚踩拖鞋、睡眼惺忪地工作；我们可以选择独处，也可以和朋友共同协作。这样的工作状态现在看来还是有些不可思议，但这才是工作中人们的潜能得以激发的状态。

赖安·库纳缇在全球 INS 大会上描述工作的未来

如今,工作的本质迅速地从个人工作转向团队合作,传统行业如凯文所在的办公家具行业,很多公司依然刻板地制造如出一辙的旧产品——大办公桌、很多书架和文件柜、可以调节的高档座椅以及成片成片的格子间,这种产品设计假定人们每天都在固定的地方工作。在制造经济中,员工在固定的地方办公是一种规范做法。

但自从20世纪末以来,工作的本质发生了改变,共享经济开始占据上风。在《工作的未来:移动办公及创业的另一种可能》一书中,未来空间公司(NextSpace)的两个联合创始人(即该书的作者)指出:

一场重新定义工作以及工作场所的革命即将到来,工作将回到以人为中心的本质。与以往物理空间带来的局限相比,新工作模式是以共享目标和价值为核心的。

未来空间公司（NextSpace）

未来职业的改变：斜杠青年的兴起

十多年前，大学生毕业后通常会在一家大公司里谋求一份工作，并期望在那里度过自己的整个职业生涯。然而，最近几年这种情况发生了显著的变化，不仅自我雇佣者越来越普遍，而且在占据了经济贡献排行榜关键位置的新兴民营企业、互联网经济体中实行弹性工作制的公司也越来越多。据此趋势，让我们试想一下不太遥远的未来：在一个五彩缤纷的新世界里，一半的工作者是自雇性的"碎片式工作者"，他们为多个客户工作，工作内容多种多样；远程办公已经取代了朝九晚五、按部就班的刻板工作，碎片式的雇佣将变得像全职一样常见。对于不断增加的这类工作者来说，工作的未来就在眼前。

我前一段时间翻译过一本书名叫《斜杠式的生活》（*Slash Space*）。在书

凿开公司间的隔栅
共享时代的联合办公

中，如果一个年轻人不满足专一职业的无聊生活，拥有多种职业，过着自认为很有意思的生活，就被称为斜杠青年。在国外这样斜杠式的人越来越多，他通常在一个月里会和多个不同的员工合作，投标多份新项目；他还是多个团队中的成员，会参加许多网络会议，其中包括在半夜与全球不同城市的客户开会。

我周边也有很多朋友过着斜杠式的生活，我自己也是一名斜杠青年。我是做联合办公空间的，又是组织社群工作的；有时候，我是马拉松运动员，但我真的不是专业的运动员；后来，我发现自己还可以是团支部书记。这就是 Slash，即一个人从事不同工作，具有多重身份。

斜杠式的生活方式得以流行，代表着职业生态的改变。就在几年前，这些方式都是不可能的，甚至是不可想象的。自雇人士曾经要靠在社交场合中发名片、和人搭讪来推销自己，常常会在当地商店里发放传单，给附近的企业邮寄明信片，但所及范围仅仅取决于他们一天能行驶多远。即使在最好的情况下，工作也是时断时续的，获得报酬的过程常常就像一场噩梦。放弃稳定工作的风险让人们不敢去开创自己的事业，除了那些最无畏的工作者。

而今，情况已经发生了巨大改变。碎片式就业（fractional work）的机会正迅速增加，因为办公工具的发展使得人们能够独立进行工作。如今的自由职业者可以在网上监控工作需求；敲击键盘就可以与任何地方的企业取得联系；通过各种五花八门的支付平台就可以完成回款过程；通过各种模式的众创空间就可以获得共享的工作地点。在各类以培训人们工作技能为主业的网站平台上，人们可以选择学习自己需要的新技能。对雇主和准备采取这种新工作方式的人来说，这是一个令人激动的时代，未来前景看起来一片光明。

凿开公司里的格子间

美国有一家叫 Basecamp 的公司，总部位于芝加哥，是软件即服务行业中的先驱者，该公司的工作人员在全世界不同的联合办公空间中工作。他们大多并不认识彼此，却都在人生路上遇到了对方。因为他们有共同的经验、共同的价值观，而且他们都在寻找社区，都希望获得幸福、归属感，这是他们在现代工作场所获得成功和幸福的源头。今年他们公司的规模将变得更大。这说明，有的公司已经把握了工作的本质，他们知道"自由"才能够确保工作真正的安全。

在《自由工作者的国度》(*Free Agent Nation*) 一书中，丹尼尔·平克 (Daniel Pink) 很好地描述了未来工作的模式。他用电影工业做类比，探讨了基于项目的工作会如何开展。他观察发现，从消耗巨资拍摄的大片到小成本的艺术片，都是由临时组建的团队完成的。基于一个又一个项目，演员、摄影棚的搬运工人、导演、临时演员、剪辑以及成百甚至上千的其他专业人员协同工作。有时他们曾经合作过，不过通常他们从来没有共过事。他们每个人发挥着或大或小的作用，直到影片拍摄完成，然后这支团队解散。无论电影成败与否，参与者都会为下一个项目找到新的团队。

在我们每个人的一生中，想要做的事情都能列出几十页长长的清单，从

凿开公司间的隔栅
共享时代的联合办公

学校毕业参加工作开始，我们对于人生规划的雄心壮志达到前所未有的巅峰：工作上，我们希望如同韩国电视剧一般成为"霸道"总裁；生活中，我们希望能够掌控自己，有更多的时间做自己喜欢的事情或者陪伴家人；我们希望面朝大海，春暖花开；希望周游世界，喂马劈柴。

然而，在工业时代传统的工作模式下，为了过上相对体面的生活，我们中的大多数人要把每天的大部分时间都消耗在办公室沉闷、压抑的格子间内，毕竟对于绝大多数人来说，谋生才是第一要务。不过，情况正在发生巨大的变化，不管是在新兴行业还是传统行业，有远见的人正在改变现状或者改变自己适应新的趋势。斜杠式的生活方式不仅改变着职业生态，也在改变着企业生态。

类似拍电影一样的项目工作制是其中的一种。传统职场中的管理者所能汇聚起来的技能取决于他们手下员工的技能，而他们应对任务的能力往往受制于员工的灵活性和多才多艺性；相反，作为项目领导者的通才为了特定的任务，将个人组织成团队，只有他们的通讯录能够限制他们的成果。

在企业的关键部门里，采用众包方式来解决商业问题是一种合宜的方法。美国的创新中心网站（InnoCentive）推出的是人们认为很有趣的一种工作方式，它本质上是一种竞争。创新中心网站代表了在大规模问题解决领域出现的一种趋势，它被称为"群工作"。从理论上讲，为了解决某个单一的商业问题，可以汇聚全世界的专门知识和技能。

创新中心网站通过为各种各样在特定创新领域中寻求解答的公司、政府及非营利机构提供服务的机会，把特定问题重新定位为一个挑战，然后将它呈现给来自全球各个国家的几十万名解决者并提供现金大奖，吸引那些喜欢挑战、专注和具有创新思维的人们来参与问题解决。

越来越多的创新型工作方式帮助我们打破了传统工业时代办公的格子间。长期来看，在当下的共享经济、极客经济中，人们正在把谋生的工作变成自我实现之旅，我们每个人都有自己的比较优势，通过尽可能发挥自己的比较优势，我们也都能够找到让自己通往幸福的工作。

联合办公是让我们达到工作理想未来的一条必经之路。

职场新格局：联合办公

职场革命正如火如荼。咖啡馆里挤满了数字游牧民，他们忙碌地在笔记本电脑上敲击着。企业园区允许你家孩子足球比赛的替补队员免费使用工作空间。每天，几乎都有新的共用工作空间冒出来。如今，工作可以在任何地方进行。

导致这些改变的力量很多：移动技术的快速采用、无处不在的网络接入以及对整天坐在格子间里工作的不满情绪。这种情绪虽然很模糊，但令人不安，而且越来越普遍。员工希望不只是工作，他们可以有更灵活的时间表，有时间做其他事情。那种每天在拥堵的马路上独自开车一个小时去上班，然

凿开公司间的隔栅
共享时代的联合办公

瑞士某众创空间

北大创业营

亚杰汇

第 1 章
职场的颠覆性革命

后独自在格子间里坐 9 个小时，再重复相同的过程回到家的生活，听起来就像卡夫卡小说中的情节。

可以说，在不同因素的推动下，我们正经历着职场中百年一遇的改变。在 2005 年前后，职场发生了两个重大改变：一个是向着移动性的改变，笔记本电脑、手机以及供电设备等让移动工作成为可能；另一个变化是个体工作转变为集体工作。在过去 50 年里，信息经济中的许多工作是个人的、线性的和程序化的。公司根据这种工作性质设置了格子间办公室。

从 21 世纪早期开始，这些个人的、线性的和程序化的工作被外包了出去，并实现了自动化，剩下的工作很大程度上是富有创意的、概念上的。这些问题的答案在电子表格上找不到，也不能通过超炫的回归分析获得。只有当来自不同学科、具有不同技能的很多人一起合作时，问题的答案才会显露出来。我们正在用群体的、创造性的、概念性的创新经济取代个人的、线性的和程序化的信息经济。

这两种改变表明，我们对传统职场的了解已经过时了。

当你和几位同事与一位新客户见面，深入探讨一个正在进行的大项目时，你会在哪儿工作？随着新的时代变化，对此我们不该问："我们应该在哪儿工作？"而应该问："鉴于现在需要完成的事情，我们需要什么类型的环境，以便使我们能够富有创意、最高效地工作。"这就是共享经济时代的关键问题。

凿开公司间的隔栅
共享时代的联合办公

鉴于职场新出现的这种流动性特点，流动空间这个名称特别适合具有新需求的公司。流动空间的核心是一个通过手机接入的移动应用程序，使用者可以选择当天比较理想的工作地点。工作是一个实时的决定，因此流动空间的应用程序首先应该能够感知到位置。那就意味着你的智能手机知道你在哪儿，并将这个信息输送给应用程序。

其次，应用程序应该可以根据你需要的工作环境进行调整。使用者可以根据一起工作的人数，从1个人到50个人；根据所需的基础设施类型，从商业中心到图书馆、公共公园、咖啡馆、酒店大堂，再到企业园区中未使用的办公室、共用工作空间；根据需要什么样的氛围，比如"奢侈豪华""引人注目""安静之角"和"观景房间"，来控制调节器。考虑了地点、基础设施和氛围这三个变量后，流动空间便会形成一个附近工作场所的清单，其中大部分看起来一点儿也不像传统的办公室。

第 1 章
职场的颠覆性革命

流动空间真正的精神在于，对很多人来说，职场已经变成了一个实时的、按需获得的生态系统。随着工作本质的改变，人们每天开始寻找能够使其发挥出最大创造力和生产力的工作场所。然而，不幸的是，目前很多人不能得到地点、基础设施和氛围的完美组合，甚至连可接受的组合都无法获得。

职场革命将把我们引向何方？除了移动性变大以外，我们从全职员工转变为自由职业者或独立顾问，变得比以往更分散了，我们的工作需要与他人合作。公司办公室、家和咖啡馆等都不能提供充分发挥我们创造力与生产力所需的地点、基础设施和氛围。现代职场的缺陷提醒我们在共享经济中所面临的挑战。当一个行业为改变做好准备时，便总会有精力旺盛的企业家想出让整个行业发生动荡的解决方案。

联合办公空间便是这样的解决方案。

中关村互联网教育创新中心
"教育+"咖啡馆

凿开公司间的隔栅
共享时代的联合办公

众创空间：创业者的天堂

沿着时间轴纵向来看，办公可以分为三个不同的阶段。

在办公 1.0 时代，大家共同在一间很大的房间里面工作，没有手机，也没有各种通信软件的协助，只依靠打字机进行交流，这也是最早的办公模式。由于沟通的限制，人们必须在同一个物理空间办公。

在办公 2.0 时代，我们可以看到随着电脑和互联网开始普及，办公模式也开始随之改变。大家更愿意在家里、咖啡馆里办公，人们想要工作的自由，并不想每天都在死板的工作环境中待 8 小时；如果家里有小孩儿，更希望可以一边照顾小孩儿一边办公。互联网的普及让传统的办公模式成为过去。

而到了办公 3.0 时代，越来越多的事情通过移动互联终端就可以解决，比如通过微信，不管在什么场所，你都可以和员工沟通交流工作中的事情。试想，如果这样发展下去，大家还要选择线下办公吗？

诚然，随着互联网的不断发展，移动端的作用越来越重要，但是人们仍无法逃避的一种工作方式是面对面交流，

第 1 章
职场的颠覆性革命

因为面对面交流最有效。有时候发邮件 2 个小时才能说清的事情，也许见面 5 分钟就可以搞定。在职场变革和面对面沟通需求的作用下，联合办公得以兴起，在中国我们称之为众创空间。

众创空间有很多发祥地，最流行的区域是旧金山、纽约、曼哈顿、伦敦。几乎所有的联合办公室所处的地段都是互联网人、设计师等聚集的地方。这些地段非常昂贵，很少有人能将整栋楼租下来。有时候，有的人看到一个办公的好地段就会邀请朋友一起租下来，这也是联合办公的一种起源。这些富有创意的人们心态也比较开放，在一起办公可以摩擦产生意想不到的创意火花。

在众创空间工作的好处有很多，第一是成本相对低廉，只需带电脑和想法就可以找到地方实现。成长期的团队都会经历一个高速扩张时期，众创空间让这些团队可以根据不同的发展阶段灵活地进行调整。我知道的一家公司负责人，曾经一年之间换了四个办公空间，每次都要花很多时间装修，浪费时间、财力和精力。众创空间从物理角度很容易就能解决空间扩张的问题，线下的多种资源也可以让人们快速地匹配到自己最想要的。

"足记"曾入驻的上海创客中心

"足记"是一家原创图片社交应用公司，最初选择在众创空间工作。他们的产品每天有两百万新增用户。创业团队都有各自的长板和短板，有的短板是没有办法通过招聘来解决的。"足记"那时的团队还非常小，没有处理每秒上千万流量的经验。但是，当时在众创空间所有团队的CTO都愿意去帮助他们解决这个问题。这是为什么呢？

我经常被人问及什么样的人适合在联合办公空间工作。有两个规则可以作为筛选团队的准则。第一个准则是团队创始人需要有开放的心态，愿意在开放的空间与他人交流。如果创始人仅把联合办公空间当作办公空间来使用，不参与空间内部的活动与交流，他往往没有办法获取在空间能够得到的价值。"足记"能够得到其他团队CTO的帮助最终解决了自己的技术短板，就在于其创始人及团队在空间里面是非常愿意交流的，如果没有这种基础，就算有这种事情发生，大家不会知道，也不会有意愿去帮助他们。

第二个准则是在空间里面入驻的团队业务不能冲突。比如，同一个办公空间里面最好不要有两个做创业医疗的。当然也可能有两个创始人觉得他们的产品之间不但没有冲突，还有很强的互补性的情况，这样的团队放在一起很短时间内就能碰撞出一些创意火花。

互联网公司和传统大公司的区别在于互联网公司团队的扁平化，决策不是从上到下，而是整个团队共同做出的。开创空间很适合互联网团队工作。随着"90后"人群步入职场，办公人群不断年轻化，他们的使用习惯也在不断变化。要去创造一个鼓励人们创新的环境来帮助人们进行创造。众创空间就是一种无论从环境还是从氛围上来说，都适合创业者、自雇人群和新生代职场人士工作需求的新型工作场所，是自身价值和创意得以实现的"天堂"。

第 2 章

众创空间的崛起

众创空间是我们中国对共享工作空间的称呼。世界上最早的众创空间可以追溯到 1981 年在德国柏林创建的混沌电脑俱乐部，这是一群计算机程序设计员聚会分享创意想法的场所。2007 年 8 月，一群美国的"黑客"在德国参加混沌电脑俱乐部（Chaos Computer Club）举办的混沌通信夏令营（Chaos Communication Camp）时受到启发，回国后创办了许多类似黑客空间或称为创客空间（Hackerspace）的众创空间，如创办于 2007 年的 NYC Resistor、HacDC 及 2008 年的 Noisebridge 等。这些众创空间向创客提供开放的物理空间和原型加工设备，以及组织相关的聚会和工作坊，从而促进知识分享、跨界协作、创意实现以至于产品化。这些空间产生了革命性的企业，如 3D 印刷业中著名的 MakerBot 企业就是脱胎于 NYC Resistor。

众创空间作为一个新兴事物，可以根据需求实时定制，解决不同的职场挑战。独立劳动者希望创造一个可以充分发挥创造力和生产力的工作环境，他们进行交往、合作、交换观点、分享专门知识和技能的需求导致了众创空间的诞生。由此，可能大多数人都会赞同这样的定义：

凿开公司间的隔栅
共享时代的联合办公

众创空间是自由职业者、独立专业人士、远程工作者、新创公司和其他需要灵活工作场所的人共享的单一工作环境，其理念不仅仅是共享工作空间，它强调的是合作、开放、社群、可接近性与可持续性的价值。

从格子间到众创空间的蜕变

工业时代，传统办公空间是格子间，人们为了某个特定的目的聚集在一起工作，这种办公场所最大的好处是能够提供统一方便的物理基础设施。但是，在格子间里工作不仅效率低下，也不符合人们的内在驱动。人们渴望在自由、真实、和谐的社群中工作，以发挥最大价值。

当从猿变成人后，我们很快发现，如果我们一起劳作，成为团结的强大社群的一部分，那么我们便能更容易地猎捕猛犸象、建立村庄及养育孩子，这是最初的社群理念。20世纪中期，社交网络的兴起将我们以前所未有的广度联系起来，我们可以追踪了解幼儿园时的每个同学的日常生活，还可以动员和组织分散的群体，与遥远的爱人分享记忆，保持广泛的私人联系与职业交往。诸如Facebook、Twitter和微信这样的社交网络虽然很强大，但它们是有缺陷的，因为它们无法替代我们一直依赖的真实的、活生生的社群。在工作从个人的线性任务转化为合作性的集体任务的同时，人们也极度渴望真实的、活生生的社群。满足这种渴望恰是共享工作空间行业最大的优势。

共享工作空间中的基础设施有各种形式。空间的大小从几百平方英尺到

第 2 章
众创空间的崛起

英国 Barclays Accelerator

几万平方英尺不等。家具和装修从高端大气上档次到宜家的别致风格。大多数共享工作空间会包含一些私人办公室、共享会议室、厨房设施以及摆着桌子和沙发的合作空间。在共享工作空间,唯一比快速、稳定、商用级别的宽带接入更重要的就是咖啡——共享经济的生命线,我最喜欢的公司格言之一是:未来共享空间成员的共同做法是将咖啡因转化为机敏。

共享工作空间的一个关键部分是工作场所基础设施的灵活性。基于手头的任务,我们对基础设施的要求可能会很快发生改变。非常好的共享工作空间提供各种基础设施,如单个办公桌、团队工作所需的大桌子、沙发及其他舒适的家具、用来打私人电话的电话间、各种形状和大小的会议室,以及很多的白板,既可以满足时常变换的工作风格,还可以用来做白日梦或思考一

凿开公司间的隔栅
共享时代的联合办公

些大事。

共享工作空间灵活性的另一个方面与成员（自由职业者、企业家、独立顾问和其他分散劳动力的参与者）如何获得共享工作空间有关。长期以来，这些分散的劳动者是通过租用的方式获得办公室。然而租用办公室有风险，大多数房主要求长期租用，而且常常要求租户将他们的个人财产作为抵押品，以防他们不支付租金。

自由职业者和企业家的工作往往是一个个的项目或一个个的任务，因此承担这样的风险对他们来说是很糟糕的商业决策。大多数共用工作空间会按月提供销售会员资格，很多共享工作空间还提供按小时或按天的使用选择。这种按需使用工作空间的方式是促成共享工作空间取得成功的一个主要因素。

共享工作空间最大的吸引力来自工作场所的另一个属性——氛围。对很多人来说，企业园区的工作氛围非常乏味，在家工作的氛围是孤独的，而咖啡馆的工作氛围有些吵闹，不够职业化。许多共享工作空间希望提供一个热情好客、舒适惬意和职业化的氛围。最重要的是，提供一个既强烈要求又微妙暗示着合作与社群的氛围。因为随着分散劳动者的增加，要想发挥出最大的创造力与生产力，我们就需要重新聚合成社群，互相汲取活力，分享观点，互相介绍生意，群策群力，从而创造出新产品、新服务与新的解决方案。

这种基于社群的重新聚集所产生的结果有一个特殊的名称——未来空间

第 2 章
众创空间的崛起

效应。未来空间效应在一定范围内存在各种变化。范围的一端是纯粹的社交，在职业化、合作性的环境中与其他人交往，以避免在家工作的孤独感和在咖啡馆工作的混乱嘈杂。范围的另一端是实实在在的商业成果，它们来自与其他有互补技能的人的互动。

共享办公空间产生并广受欢迎还源于传统办公空间的浪费问题。在典型的企业园区你会发现，在平常工作日三分之二的时间里，办公室是空着的。公司的后勤经理看着空荡荡的大楼，常常疑惑地想"人都哪儿去了"。具有前瞻性思维的公司正在提出重新利用办公空间资产的有创意的方法，如取消格子间、增加会议室的数量、增加很多开放的空间以及先到先得的办公桌等。

法国某众创空间

凿开公司间的隔栅
共享时代的联合办公

这些有关办公空间的战略决策除了营造一个能够让员工更有创意、更开心的办公场所之外，公司还能节省房地产管理费用。不仅如此，公司认可的工作场所的选择引出了从以资产为基础的房地产管理到以生产力为基础的管理的转变的另一个重要内涵。

国外众创空间概览

十多年前，国外就已经形成了各种形式的共享工作空间，也就是国内通常称呼的众创空间，对科技创新产生了深刻的影响。不过，国外更多的是称为创客空间。"创客"二字翻译于英文单词"maker"，指不以盈利为目标，致力于把各种创意转变为现实的人。创客空间在国外有多种叫法，如makerspace、hackerspace、hackspace、hacklab、creative space，等等，它是一种全新的组织形式和服务平台，通过向创客提供开放的物理空间和原型加工设备，以及组织相关的聚会和工作坊，从而促进知识分享、跨界协作及创意的产品化实现。

自1981年德国的混沌电脑俱乐部开始，创客空间不断发展。进入21世纪，开源电子原型软硬件平台Arduino的发明成为创客空间运动发展过程中

英国丝科创投（SILK）

第 2 章
众创空间的崛起

的里程碑事件。2005 年，意大利 Ivrea 交互设计学院马西莫·班兹（Massimo Banzi）等人成功开发了 Arduino，它沿袭了开源软件运动的授权方式，任何人都可以下载电路图文档生产电路板甚至用于销售，且不收取任何专利费用，设计者可以在前人的基础上进行二次创意。Arduino 的诞生大大降低了硬件创业的门槛。

与此同时，众筹机制进一步完善，出现了 Kickstarter、点名时间等一批众筹网站。在新工具、社区、开源软硬件、众筹机制、创客文化的共同合力下，众创空间运动已然成为一股全球化的浪潮。为了更好地了解众创空间这一新兴事物，我们可以先盘点一下除德国的混沌俱乐部外，世界范围内各国有代表性的众创空间。

众创空间在美国

Plug and Play

Plug and Play 目前已经成为一个全球性的创业加速器，在包括中国在内的多个国家开展合作投资项目。

30 多年前，伊朗陷入了动乱与战争中。赛义德·阿米迪（Saeed Amidi）跟随家人一同逃离德黑兰，移民到了美国。在加州的硅谷，他们开了一家地毯店，生意不错，赚了一些钱。后来他和他的哥哥拉西姆·阿米迪（Rahim Amidi）勇敢地将店铺抵押给银行，与他们的伊朗老乡佩曼·努扎德（Pejman Nozad）一同设立了一家叫作阿米迪的房地产公司。随着硅谷地价的暴涨，他们的资产不断翻倍、财富大增。随后，他们又嗅到了商机，投资了包括 Dropbox 在内的多家互联网公司。现在，阿米迪集团（Amidzad Partners）已经是一家横跨地产、商业服务、工业原料、投资以及地毯销售业务的大型企业。风险投资 Plug and Play Venture 是赛义德·阿米迪在 2006 年投资兴办的全新投资机构。

Plug and Play 公司的名字就带有浓郁的 IT 风格，为计算机术语，译为"即插即用"，指类似 U 盘等设备可以在不安装驱动的情况下直接连接电脑运行的技术。公司总部位于加州的硅谷。在公司高层人员中，少数族裔的占比极高，且有多名姓氏为阿米迪的人员存在。其主要业务主要包括以下几个方面。

一是办公场所租赁。赛义德以房地产业发家，而 Plug and Play 依旧延续了他的传统，在硅谷拥有 3 个共计可容纳 300 个小微型企业同时办公的场所——科技中心（Plug and Play Tech Center）。同时，这个场地实现了投资、商业服务、培训、会议室乃至媒体的接入，在物理上提供了一个可供创业者工作的空间，让他们在数个月到数年的范围里充分挖掘自身的潜能。科技中心并非简单的办公室租赁，只有经过筛选的公司才能入驻。

二是创业营（Plug and play startup camp）。Plug and Play 每年举办两次创业营活动，从来自全世界的数千个项目中精选 20~30 个，将它们集中到 Plug and Play 的科技中心进行为期 10 周的线下集中辅导。参加者将收到 2.5 万美元的种子投资，而 Plug and play 将收取 5% 的参与者公司的股权。此外，

Plug and play 对接大批的投资机构和相关行业的成熟公司,为参加创业营的公司下一轮融资提供便利。同时,参加创业营的公司将取得入驻科技中心的资格。

三是投资。除了投资于参加创业营的公司之外,Plug and Play 还进行百万美元级别的常规风险投资,但数量并不多,其投资公司的阶段也没有特定规律,从种子基金到 C 轮都有涉猎,也没有明显的阶段特点。每年的投资数额和投资笔数也十分稳定,从这方面来看,Plug and Play 还是一家十分成熟的投资机构。从投资的行业上来看,Plug and Play 的投资内容非常丰富,从互联网产品到媒体、保健品、金融甚至比特币都有涉猎。详细查看投资细节,Plug and play 还曾与阿米得扎德合伙公司共同投资。而 Plug and Play 的创始人赛义德·阿米迪以及 Alireza Masrour 也在项目中以个人名义对项目进行频繁跟投。

Plug and Play 在硅谷的环境中独树一帜,创始人既不是专业天才,也不是传统资本大亨。从投资表现来看,其运营能力和资金操作并不像孵化行业这样的新兴产业,而更类似于沉稳老练的商场高手,很有可能赛义德在 Plug and Play 的主导和模范作用对其成功起着决定性的影响。整个 Plug and Play 的平台并不是其盈利的重点,项目经过这个平台的筛选和培养,而随后的继续投资、股权的增值才是真正的核心。这可以从该公司创始人及其名下的其他投资机构重复投资 Plug and Play 所孵化的项目这一现象窥探一二,同时也有些"不把鸡蛋放在一个篮子里"来规避风险的考虑,这样的运作方法还可能有潜藏的法律、税务优势。

经历近10年的投资圈内的摸爬滚打，赛义德对孵化器行业的理解就是将尽可能多的资源接入到企业，让它们获得优质的资源和适当的指导，尽可能自然成长，发挥出它们真正的潜能。从地毯商到投资大亨，Plug and Play的成功模式很大程度上归功于这个曾经的伊朗裔难民的个人智慧与过人才华。但不能否认的是，如果没有时代的大潮，他也几乎不可能达到自身现有的高度。

Y Combinator

成立于2005年的孵化器公司Y Combinator（YC），是一家综合性的共享办公空间，它提供办公空间、导师、投融资对接等创业资源，可以理解为创业加速器。公司集中于投资种子阶段的优质团队，YC从申请者中筛选出少量项目，将他们进行线下的集合，采用"夏令营"式的集中培训。从YC毕业的公司总融资额达30亿美元，市值累计超过300亿美元。在向创业者提供小额资金的同时，对他们的想法和企业进行辅导，使他们步入正轨。这正是YC能够在短时间内获得比较大的成功的根源。

以YC为代表的"空间+系统+生态+投资+后台"的创新模式，最独特之处在于其具备帮助创业者快速成长的能力。加速器在美国的数量也是极少的，硅谷地区也只占到孵化空间的5%左右，但这是最成功的一种孵化空间。

WeWork

WeWork是2010年在美国成立的房地产公司，专注于联合办公租赁市

第 2 章
众创空间的崛起

WeWork 众创空间

场，公司发展迅速、广受瞩目，世界各国模仿者众多。概括来说，WeWork 的模式有三大核心。

一是成本控制。众创空间的位置非常重要，WeWork 的空间全部选址在城市核心地段的核心位置。目前，WeWork 已进入了美国的 10 座城市（东部 4 座、西部 4 座、南部 2 座）以及伦敦、阿姆斯特丹等地，基本上都是科技教育神经极度发达的地方。但它们获取的房子却形态各异，包括仓库、超市、文化建筑等，主要是为了控制成本。同时，WeWork 做非常高效的设计，出桌率可以达到 5.5 平方米 / 人。

二是空间设计。WeWork 的空间设计是由心理学家完成的，而非室内设计师。WeWork 特别看重如何调动众创空间中使用者的心理感受，这是特别有意思的地方。

三是社区构建。活动是 WeWork 的一个核心，包括线上社区、会员体系等，它的创业辅助性服务反而不是最主要的。很多时候，WeWork 服务的共享办公对象并不只是创业公司，还包括大量的自由职业者、小微企业、大企业的外挂机构等，甚至美国前总统克林顿的办公室也都设在 WeWork 里面。WeWork 做的是生态和圈子文化，投资孵化并非其核心。

TenTen Wilshire

TenTen Wilshire 是洛杉矶一个很有意思的项目，目前正在复制到美国其他城市。它是一个集成公寓、办公、娱乐等多种服务的综合体，对应到国内可以理解为共享办公和 U+ 公寓的结合体。它的特点是：拥有大面积的公共场所，包括娱乐、体育运动、点子交易等；鼓励空间里的人多在公共区域内交流沟通，是一个典型的社区概念联合空间，更像一个"在一栋楼里办所有事"的空间。

怎样让大家进行更多的交流呢？TenTen Wilshire 社区的独立居住空间都是极简的、标准化的，甚至只有床和桌子，其他所有的活动都在公共空间内完成。但比起大学宿舍式的共享空间，社区里的设施都是非常智能化的，在保证优质体验的同时，把大家都"赶"到一起吃饭、娱乐、运动、聊天。

RocketSpace

RocketSpace 专注于做未来独角兽的孵化，它的方式是整合资源，做生态系统，很多大企业都是它的资源合作方。RocketSpace 每月会从 100 家申请者中筛选出 20 家左右入驻孵化，入驻企业将会得到丰富的资源支持。

RocketSpace 的创始人非常善于整合国际资源，将一些国家的科研经费、自然基金会等资本引入创业项目，与出资方一起共同孵化科研项目。另外，RocketSpace 还为一些想转型的大型企业提供转型实验室，其中以高科技为核心竞争力的实验室占大多数。

尽管 RocketSpace 空间的收费非常昂贵，比市场价高出 3 倍，但创业者仍然争先恐后地申请入驻，为的就是进入到这个围绕 RocketSpace 的生态系统中来，以吸取它所提供的养分。

目前，RocketSpace 已经孵化了 175 家创业公司，募集了来自会员和校友的 47 亿美元资金，全球合作伙伴达 75 家。

TechShop

TechShop 是美国最大的连锁创客空间。自从 2006 年正式开张以来，目前在全美已有 6 家门店。创客或者手工爱好者们每月支付 125 美元就可以成为会员，获得各种软硬件资源的使用权。TechShop 是一家基于会员制工作坊而组成的社区，可以为会员提供可供使用的工具、设备，教学、创作以及服务人员，以支持会员实现一直想创造的东西。这里的器具包括铣床、车床、焊接台、离子切割机、金属板材加工设备、钻孔机、锯、工业缝纫机、手工具、塑料加工设备，等等。对于那些喜欢自己动手做东西，或者是做些发明创造却苦于找不到合适器材的创客，TechShop 是一个理想的地方，它聚集了众多来自民间的创新想法，让创新者把原始的想法做成原型，甚至做成一个完整的产品。

第一个 TechShop 商店于 2006 年在加州 Menlo Park 成立。当时在加州有许多非常热衷于开发开放式软件、硬件的工程师和电脑高手。这些 DIY 爱好者聚集在被称为 Hackerspace 的地方写程序、做机器人，同时交流分享他们的专长和经验。Hackerspace 可以是大学校园、社区交流中心或者是一些会议室。这些活动参加者往往不求报酬，只是单纯地由于对机械电子的兴趣爱好而聚集在一起。如今 TechShop 已经在美国 6 座城市有工作室，总共有大约 3 300 名会员，包括福特之内的大公司为其提供资金支持。他们计划未来 5 年内在全世界范围内新建上百家 TechShop。

众创空间在以色列

典型的联合办公空间模式

这些联合办公空间为入驻企业提供办公空间和社区活动，靠收取房租作为主要收入，代表企业是 MindSpace。MindSpace 成立于 2015 年，目前在特拉维夫拥有两处办公场所并均位于市中心的核心位置，在柏林和汉堡运营了共计约 9 000 平方米的办公空间。MindSpace 一般选择交通便利的城市核心区，通过长租方式锁定较低的租金价格，再将空间进行二次设计。在 MindSpace 的空间中，独立办公空间所占比例较大，并配有社交功能齐全的功能区，如公共休息区、公共厨房、小吧台等。MindSpace 的入驻企业平均为5人左右的规模，平均年龄在30岁以上，主要为IT类、投资类、地产类、传媒类和服务类企业。值得一提的是，在以色列公司的规模普遍远远小于中国的企业，5人左右的企业虽然仍属于创业企业，但已不算创业初期。

在MindSpace位于特拉维夫市中心的总部，其CEO兼创始人丹·扎卡伊（Dan Zakai）表示，运营空间的内容、增强社区的互动和黏性、为入驻企业带来新的生活方式是MindSpace目前工作的重中之重。总部将社区活动的经费、方法以及活动系列主题设计共享给各个社区，并由各个社区自主开展多种多样的社区活动。在目前的版图规划中，MindSpace还将未来发展的重点放到市场较为成熟的欧洲的一些国家和美国的城市，希望在这些市场相对成熟但仍有联合办公空间供不应求的地方拓展其业务。

MindSpace

凿开公司间的隔栅
共享时代的联合办公

此类联合办公模式的核心仍是依托物业资产，在城市的核心位置选取优质的物业，将其装修改造后再配以丰富的空间内容出租给企业，模式相对简单且容易复制。从入驻的企业来看，此类联合办公空间模式价格与其附近一般的办公空间相比并不具备明显的竞争力，但凭借其丰富的空间内容和齐全的功能设施，稍具规模的初创企业或较为成熟的创业者是其主要的客户群体。

在某一领域深耕的联合办公形式

这类空间强调入驻企业的特性，为特定人群提供联合办公空间，通过收取房租或参股形式获得收益。The Floor（金融科技 FinTech）、SOSA（高科技）、The Junction（黑客与计算机技术 Iot）、WMN（女性创业）等都是这类形式的联合办公企业。

SOSA

SOSA 成立于 2014 年，仅在特拉维夫拥有一处自持物业，共 1200 平方米。目前入驻 SOSA 的 30 家企业全来自高科技领域。SOSA 对于入驻的企业有非常严格的筛选标准，只有通过筛选的企业才能入驻，且仍需要缴纳房租。入驻企业规模一般为 4~8 人，且 SOSA 均以不同形式参股其中。这个目前只有 7 人的团队刚刚完成了 100 万美元的融资。虽然体量不大，但 SOSA 在以色列共享办公、孵化器行业颇有名气，受到当地和海外政府的关注，且与英特尔公司、惠普公司、IBM 公司、Paypal 公司、微软公司和 Visa 公司等科技巨头保持亲密的合作关系。

WMN 以女性创业为主题，该空间的两位创始人均为女性，且有着丰富的连续创业和金融投资背景。在其要求入驻的企业中，CEO 或联合创始人至少有一人为女性。创始人坦言，由于女性的主题，使得 WMN 在各个场合下的曝光率倍增，也获得诸多机会。WMN 面向的群体是目前还无法进入加速器的初创型团队，帮他们打磨想法、勾勒产品，使其具备下一步发展的可能。更重要的是，让女性获得公平的创业环境，并加速她们在职业道路上的成长是 WMN 的宗旨。

由于空间内产业或人群相对垂直，此类共享空间可对某一领域或客户群体进行深耕，无论是对入驻企业进行筛选的标准、企业入驻后可获得的服务、对外获取的资源和合作伙伴、宣传渠道和品牌定位方面都更加精准。这种"主题"式的共享空间带来的产业集群，将更加有针对性地助推企业的成长，但同时也在一定程度上限制了可入驻企业的多样性，降低了内部跨界互联和打造多样化生态的可能。

> 凿开公司间的隔栅
> 共享时代的联合办公

家庭式联合办公形式

这类空间的组织者承担着像家长一样的管理责任，为入驻企业提供一站式的空间管理和服务，将工作与生活更加全面地融合，代表企业有 MESH、CoWork Bay 等。

MESH 位于素有"以色列的硅谷"之称的莫迪恩（Modiin），这是一座非常年轻的城市，且集结了众多优秀的科技创新企业。整座城市共计十余万人口，其中 30% 以上是高学历，共有 2 万余名高科技工程师。MESH 创始人摩西·波拉特（Moshe Porat）有着 22 年的科技企业工作经历，且是连续创业者。丰富的创业经验和雄厚的知识储备使他更像是入驻企业的家长和导师，为企业提供工作和生活上的指导。MESH 的宗旨是寻找生活与工作的平

MESH

第 2 章
众创空间的崛起

CoWork Bay

衡。在这个空间中，配备了厨房、专职厨师、校车停靠、公共食堂等多种设施，入驻企业员工的子女和周边学校的学生也经常在此组织活动和实习，整个空间对于入驻企业更像是一个超大型的客厅，大家除了在各自家中居住外，大部分时间都在此度过。

CoWork Bay 也是位于以色列的另一处家庭式共享办公空间。罗夏夫妇（Mr.and Mrs. Rochach）是这处位于海边的 600 平方米物业的拥有者和运营者。他们将自持的物业改造成公共的办公空间，有独立的海景办公室，也有公共的小厨房，入驻了来自保险、地产等行业共 22 家企业。两位创始人有着丰富的商业资讯和公共关系从业经验和社会资源，为入驻的企业提供一对一的专业帮助，并且与企业形成了非常亲密的关系，每周还会有聚餐、组织大家学习冲浪等活动，整个空间和谐美好、其乐融融。

凿开公司间的隔栅
共享时代的联合办公

家庭式联合办公空间可以说是三种社区形式中黏性最强、入驻企业之间互动最多的一类。有着具有强大资源和人格魅力的物业运营和管理者，将空间内的工作和生活有机结合，不仅实现了高效管理空间，而且更加深入地与入驻企业进行交流，充当了导师和朋友的双重角色。这种关系的紧密程度远远超过了运营者和入驻企业在一般联合办公空间建立的商业关系或是股权关系，而是真正实现了基于交流和信任的长期稳定的朋友关系。

纵观以上三种联合办公的形式可以看出，以色列的联合办公从形式、内容和深度上各有不同，但有一些共同的特征值得一提。

一是联合办公行业虽然在以色列出现较早，但自2014年才开始大量涌现。相比之下，中国与以色列关于办公共享经济的探索和研究几乎是在同时进行，二者之间存在较大的互相学习和借鉴的可能性。

二是以色列土地资源相对匮乏、市场相对狭小，这一客观原因使得以色列不论是创新企业还是共享办公，天然就具备国家化发展的基因；无论是探索海外市场还是寻求其他合作伙伴，都是以色列企业成功的必备因素。而中国，作为全球最大的市场之一，拥有广袤的市场、丰富的资本和友好的政策，自然是以色列企业走出国门的必争之地。

三是几乎所有的共享办公空间都极其强调一个概念，那就是社区黏性。促进企业交流、增强社区黏性作为业态的核心价值，不仅是为了培养稳定的客户群体、增加服务频率，使得入驻企业对空间产生认同和归属感，更重要的是空间内部形成良性循环，创造和催生新的价值，在专注自己产品的同时，通过社区获取新的信息和资源，与其他成员互相促进、共同成长。

众创空间在新加坡

CBD 中的联合办公

新加坡的 CBD 聚集了大量的金融保险业、房地产和商务服务行业的企业。高档写字楼十分密集，租金在 11~15 新加坡元/月。

The Great Room 是位于 CBD 区域的一个精品联合办公社区，刚刚投入运营。使用面积约 1 500 平方米，租金 11 新加坡元/月（含物业、空调）。其中一个联合创始人有酒店业地产开发的背景，整个联合办公社区的设计风格非常有品质，让人感到非常舒服，如公共区域的设计就会让人想起机场的贵宾候机室和星级酒店的行政酒廊。

The Great Room 的运营负责人介绍，他们的客户大多是金融业从业者和公司，是"第二代"联合办公者，他们比那些年轻的创业者获得了更高的职业成就，有更高的支付能力，也需要更好的办公体验。他们希望能非常轻松地召开会议，让漫长的会议也能十分舒服，而不需要像在星级酒店的 board room 那样正式。

目前，The Great Room 最长的租约只有 3 个月，经营者认为这样非常灵活，因为他们目前也不确定现在的商业模式是否适合长期发展，短期的租赁合同对他们改变运营模式比较有利。

Chinatown 中的孵化器

Golden Gate Ventures 是位于市区的一家孵化器，藏匿于 Chinatown 的一排古老的 shop house（一楼底商，二楼以上是公寓）中，两层共 100 余平方米，大概只能容纳两家创业企业同时办公。看孵化器的名字就知道来自美国旧金山，其宣传语是"连接硅谷和亚洲"。

据创始人杰夫（Jeff）介绍，Golden Gate Ventures 已成立 4 年，自有基金已经投过 46 家创业企业的种子轮、天使轮和 A 轮。在他们的孵化器里，创业企业只能待 3 个月，获得投资之后他们将要搬出这里，自己寻找合适的办公地点。在中心区域非常适合做孵化器，在这里办公的员工不像 CBD 那样朝九晚五、西装革履，而更像是城中嬉皮士、创意人士。在中心区吃饭聚会都很方便，创业环境放松，不会觉得孤单，无论住在城里的东南西北，公共交通都十分方便。

One North 中的联合办公

Launch Pad 是由具有政府背景的 JTC Corporation 开发的孵化器园区项目，位于新加坡的硅谷——One North 地区的孵化器园区。JTC 将原来的工业厂房翻修、重建，并出租给不同的小型孵化器，由孵化器各自运营，虽然对入驻的孵化器及创业创新企业有相应的准入制度和考核制度，但也会对一些

第 2 章
众创空间的崛起

企业提供可观的补贴。入驻这里的创业创新企业最看重的是孵化器能够为其带来各类资源，如社交、投资、辅导等。

JTC 之所以把 Launch Pad 选在了 One North 科技城，是源于以下几点考虑。

1. 希望打造一个生机勃勃的生态系统。因此园区内规划了公寓、商业娱乐、工作、创业、研发等功能。

2. 毗邻新加坡国立大学等大专院校，便于人才招聘。该地区本身也有很多生物制药企业的研发团队，创业创新氛围较好。

3. 价格合理，并且能将创业者的工作和生活很好地连接在一起。

第 3 章

WeWork 还是 YC：美国众创空间的启示

近一年间，我走访了美国、英国、以色列等国家，和国外很多搞联合办公的业内人士探讨过这一行业的诸多问题。我们的共识是，未来城市空间将会被颠覆，以前的办公室商业模式将彻底被打破。

在传统经济形态中，办公室是非常狭窄甚至是垂直的业务领域。共享经济将会改变这一切。

优化资源配置，让合适的资源配给到最需要的地方就是共享经济。这是一种非常独特但又非常合理的生态逻辑，从产权、技术、消费者、生产者四个层面可以完成全面的共享。共享经济的根基依然是人类文明的发展和技术的进步，云大物移（云存储、大数据、物联网和移动互联网）的高度发达才能让我们实现最便捷和高效的共享。

到 2020 年，中国经济排名前 20 位的城市的商业和写字楼的面积将达到 3 亿平方米，其中 30% 将转化为各种共享空间，联合办公室甚至是共享的教育、医疗、剧场等。简单估算可以发现，在这些城市中，今天每平米一年的租金大约是 3 000 元，到了 2020 年，按最保守的预测也要 4 000 元，这将是一个两千多亿元的市场。现在开始对办公室进行改造，把社群的概念植入到空间中去，5 年后这将是一个千亿级规模的市场。

在中国，我们也已经看到了越来越多的创新创业模式，小微公司的数量越来越多。2016 年前三季度新注册的公司总量已经超过 2015 年的总和，这种速度会在未来几年甚至十几年内将成为常态，巨大的市场空间让众创空间行业的创业企业犹如雨后春笋般纷纷破土而出。

众创空间在世界各国都有发展并且呈现出不同形式，对我国众创空间发展影响最大的是美国。下面我们重点了解一下 WeWork 和 YC 两种模式。

WeWork 模式

WeWork 是一家于 2010 年在美国成立的房地产公司，专注于联合办公租赁市场。公司最初成立时，面积还不到 300 平方米。但公司成立近一个月后就实现了首次盈利，此后从未亏损。预计到 2018 年，WeWork 的营业利润将超过 9.416 亿美元，营收达 28.6 亿美元；联合办公室的会员将急速上升到 26 万人；WeWork 的门店将从 2014 年的 24 个上升到近 400 个。在中国众创空间从 2014 年骤然大热起来以后，WeWork 便成为最受瞩目的行业企业之一，很多中国公司都期待自己能够成为中国的 WeWork。那么，我们来仔细分析一下 WeWork 模式的特点以及其在中国的适应性。

第 3 章
WeWork 还是 YC：美国众创空间的启示

运营模式特点

从运营模式上看，WeWork 主要是通过在一些租金较为便宜的地区租用楼面，并进行二次设计，将楼面设计为风格时尚、可定制且社交功能较齐全的办公空间，之后以远高于同业的价格租给各种创业者（公司或个人），并在租金中获利。在日常运营中，除了为各类创业者提供办公空间（办公室、会议室、娱乐设施、生活设施）之外，WeWork 还为创业者提供各种与创业关系密切的隐形服务，如定期举办社交活动，以促进创业者之间、创业者与投资人之间的交流；充当中间人，为创业者之间、创业者和投资人、初创企业和成熟企业之间搭建业务或资本合作的桥梁；完善办公空间的各类社交功能，为创业者和投资人创造各种各样偶然的邂逅。

盈利模式

目前，WeWork 的盈利模式主要来自以下两个方面。

向创业者（个人或公司）收取租金

WeWork 主要是在新建的开发区或者萧条的街区开设办公点，先以折扣价租下整层写字楼，分成单独的办公空间，再出租给愿意挨着办公的初创企业，采取的是"整批零租"的形式，重点是保证好利差，从而在会员租金和配套服务上收费。WeWork 的租金比较高，一张办公桌的月租为 350 美元，一间 64 平方英尺办公室的租金为每人 650 美元；但是因为其较为完善的创业环境以及完备的创业社交网络，其会员数量一直保持着激增状态。当 WeWork 在伦敦绍森德开设最新的办公地点时，一下子就租出去了 80%。

凿开公司间的隔栅
共享时代的联合办公

WeWork 的会员数量比较稳定，公司 28% 的收入来自较小会员。当较大的会员搬到自己的办公场所或者更大更新的 WeWork 办公点时，较小的会员就会升级。"我在这里接到了很多生意，即使租金翻倍，我仍然能够赚到钱。"Brilliant Collaborations 公司首席执行官乔纳森·斯莫利（Jonathan Smalley）说。这家广告代理商是 WeWork 沃登面包工厂办公点的会员。

隐形回报获利

除了收取会员租金和配套服务费之外，WeWork 还通过周边地价溢价、对种子公司投资等隐性回报来获利。

除此之外，WeWork 管理者看到了以中间人身份向会员介绍各项服务的新收入来源，这些服务包括医疗、会计、法律和云计算。比如，通过 TriNet，WeWork 帮助会员每月节约 200 美元的健康保险费；WeWork 会员使用亚马逊 AWS 云服务提供的网络主机第一年可免除 5000 美元费用。虽然目前 WeWork 没有收取服务中介费，但据公司透露消息未来这种情况可能会改变。

商业模式创新

那么，WeWork 在商业模式上具有哪些创新之处呢？WeWork 是创新型办公空间的代表，与现有写字楼的经营模式相比，存在着如下创新。

地产开发到运营的轻资产创新

目前，商业地产和楼宇经济的发展模式主要是"拿地、开发、招租"的运营模式，在这种模式之下，资金投入非常大，而运作周期极为漫长，资金回笼时间非常长。而在 WeWork 模式中，略去了拿地和开发的环节，直接物业对所租之地进行改造升级。这种模式之下，公司可以在数月之内完成项目交付，让资金得到快速回笼。

办公楼宇产品形态的创新

一方面，从租面积到租工位、从非标准产品到标准产品的进步，瞬间打破了以楼层、面积、户型、使用率等为代表的写字楼的复杂性；另一方面，租赁标的的可伸缩性以及租期的灵活性，又减少了企业对未来发展不确定性的顾虑，营销成本也将随着产品的改进而降低。

集约经营到共享经济的创新

客户获得的不再仅仅是一块面积或一张工位，还包括前台、会议室、茶水吧和休闲区等公共资源。而大部分企业对于公共空间存在依赖性，尤其随着通信网络技术的兴起，便携笔记本、iPad 的普及，人们越来越多地尝试在多元化的空间内完成工作、交流与协作，但这部分空间的实际使用率并不高，甚至包括工位本身也是如此。而从另一个角度来看，使用比拥有更有价值。对运营方而言，服务新客户的边际成本趋向为零，有机会降低门槛获取更大的市场容量，这类似健身俱乐部的会员制。

空间硬件到服务的变革

办公空间是企业最基本、最底层的需求。在有了办公室、注册成立公司具备法人资格后，创业者考虑的才是生产经营、财税、人力资源等服务增值。办公空间的运营方提供的第三方服务降低了入驻客户采购成本的同时，也降低了第三方服务商的销售成本，而运营方自身则获得客户关系和黏性，最终实现三赢局面。

WeWork模式在中国的适应性

看过上述分析，可能很多人会有一个疑问，那就是WeWork发展模式在中国的适应性到底有多强？

从创业环境看

整体上看，中国的创业文化氛围目前还很难与美国相比。这在很大程度上源于中国创业教育体系的不完善。国内众多创业者仍旧属于草根创业者，其所得到的关于创业方面的培训较少。从小学到高中，中国应试教育色彩较为浓厚，最显著的证据就是中国寥寥几家上市的教育培训公司，无不以应试培训为其主营业务收入；中国大学前的教育，对各类创意型课程的关注实在是少之又少。而各个大学虽然有创业培训课程，但整体水平尚有较大的提升空间。虽然这几年各类大学生创业大赛慢慢多了起来，但是创业文化氛围的形成显然不是一朝一夕的事。不然，中国也不会有那么多极为优秀的大学毕业生挤破脑袋也想进入大型国有企业、政府机关的现象；不然，中国教育培训市场上也不会做大那么多家公务员教育培训机构。

其次，中国的创业融资体系目前也很难比得上欧美。仅从孵化器来看，在众创空间这一概念提出之前，中国各类孵化器机构大都关注具备一定规模的企业，对真正的初创型企业关注度比较低。类似创新工场这类主要关注初创型企业的创新型孵化器也是21世纪初才有的产物。而从小企业投资公司的建设上看，中国合法的小额贷款公司直至2008年5月中国人民银行、银监会联合发布《关于小额贷款公司试点的指导意见》后才被政府认可；中国的天使投资人队伍也是近几年来才真正兴起。

但是，自2014年以来，随着创客空间被政府反复提及，众创空间的概念也被写入政府工作计划，有了政策的反复保证，从中央到地方开始慢慢出台利好初创企业建立、融资、孵化等的政策；从政府到企业，也开始逐渐重视初创企业创业服务体系的构建，创客空间、创新型孵化器、众创空间、联合办公等概念都是各类投资主体从不同角度构建初创企业创业服务体系的尝试和努力。

因此，虽然从整体上看，中国的创业文化氛围和融资体系目前还没有美国那么完善。但是目前来看，过大的人口基数所带来的就业压力问题，使得政府不得不花大力气向全社会推广众创空间的概念，众创空间建设在未来很长时间里将获得很多政策红利；而类似于创新工场、创业工坊之类的创新型孵化器，其孵化成果已得到了市场验证，这也将吸引众多投资者进入创新型孵化器，或者说是众创空间的投资建设中来。

也许，WeWork 发展模式在中国难以得到其在美国那样迅速的发展速度，但是在创业热潮推动下 WeWork 模式仍旧是中国各大地产商和相关创业者应该关注的模式创新方向。

从市场需求上看，我们重点关注 WeWork 商业模式的本土化改造。

WeWork 创办于 2010 年，当时美国的"一人公司"数量已超过 2 000 万家，经济危机和高失业率让此数字每年以 14% 的速度增长。在 WeWork 获得 3.55 亿美元融资的 2014 年，美国自由职业者和独立工作者总量已达 4 200 万，这些人是联合办公场所的典型客户。

如前面所提到的，国内的创业氛围和创业激情并没有国外那么高昂。虽然，在当前市场环境下，国家对大众创业的重视在未来一段时间里会催生一些潜在的联合办公场所的需求量，但是近几年里，这个需求规模应当不会很大；同时，也需要考虑到中国大部分初创者的支付能力并不强。如果短期内大量类似 WeWork 模式的办公空间涌现，市场很可能会出现泡沫。因此，对类似 WeWork 模式的投资，在借鉴美国模式的同时，仍需符合中国国情，尤其要关注到国内消费者的特点。对于这一新兴事物，无论是潘石屹的3Q还是我们的优客工场，谁有能力引导市场，谁就有机会占领市场。

WeWork在美国最初是靠获取租金差价赚钱的，这种模式至少需要上班时间所有办公位使用率达到80%才能赚钱。鉴于中国消费者的具体特点，以这种盈利模式为主导，显然不太行得通。为此，国内版的WeWork不能仅仅靠房租盈利，而应该做成创新型孵化器的模式，关键是要做好创业服务。除了提供创业硬件环境（工位、会议室、创业所需设备）之外，更重要的是要做好软性服务，包括投资接洽、创业培训、创业交流，等等。投资方可以通过自己的商业网络将能够提供这些软性服务的市场主体组织起来，让其形成一个良性的商业循环。软性环境做得好，创业融资成功企业的比例也将会提高。此时，投资方便可以以股权的方式或者扶持基金的方式对优秀创业企业进行适当的投资，租金可以用部分股份抵押。这对初创企业而言，大大降低了创业门槛。

当然，除此之外，中国版WeWork的盈利点还有很多想象空间。例如，抓住下游客户群，与大型公司进行商务合作，为初创企业定制相关产品；利用WeWork聚集大量创业者的特点，帮助初创企业在彼此间推广产品，形成良性的商业网络。

这些也是我在创业之初结合自身优势把优客工场定位为"做中国的WeWork"的原因。

YC 模式

　　YC 是成立于 2005 年的投资公司，集中于投资初创企业种子阶段。YC 从申请者中筛选出少量项目，将它们进行线下的集合，采用"夏令营"式集中培训。在向创业者提供小额资金的同时，对他们的想法和企业进行辅导，使他们步入正轨。YC 以独特投资方式运作，声望极高，每年申请者可谓络绎不绝，其中包含众多日后成为了独角兽的项目。YC 作为一家精简的机构，核心成员数量很少，但他们与 YC 的渊源却不浅。全明星阵容是 YC 的最大吸引力，像罗伯特·莫里斯（Robert Morris）和保罗·布赫海特（Paul Buchheit）可以名留计算机史的名字也都出现在了名单中，而炙手可热的直播平台 Twitch 的创始人贾斯汀·坎恩（Justin Kan）也位列其中，影响力可见一斑。

　　YC 高管的年龄构成较为合理，既有经验丰富的资深从业者，也有年纪轻轻的行业新贵。从教育背景上看，所有团队成员在年轻时都在世界级名校受过教育，其中不乏有极高学历者。同时，深厚的计算机科学技术知识和长时间互联网行业从业经验也是他们的共性之一。仔细观察可以发现，其大批年轻合伙人大都在创业阶段接受过 YC 的种子阶段投资，并在获得事业的巨大成功之后，再加入该项目，成为合伙人。被投资者对于该组织抱有强烈的好感甚至把自己成功的一部分归功于参与 YC 项目。所以他们取得事业成功之后仍选择参与到 YC 项目的运营上，也从侧面反映出 YC 对于参与创业者的帮助是非常大的。

投资理念

目前，YC 在对创业者的辅导项目有以下两种计划可供申请者选择。

1. YC Core。这是 3 个月的计划，12 万美元换取 7% 的股权。YC Core 计划投资于非常广泛的种类，如软件、硬件、生物技术、非盈利项目等。
2. YC Fellowship。这是 8 周的计划，2 万美元换取 1.5% 的股权。股权只有在公司价值达到 1 亿美元时才发生转化。

无论是 YC Core 还是 YC Fellowship，创业者选择与 YC 合作的成本都是十分高昂的。但从参与过 YC 项目的创业者的高度评价和趋之若鹜来看，与之相对应的是高质量的服务内容。

在 2010 年以前，YC 的投资资金全部来自创始人个人出资。而投资项目的单笔投资绝大多数都在 10 万美元上下，最多者也不超过 20 万美元，全部集中在种子阶段的创业公司。这样的情况可能与资本总额较小相关。在 2009 年至 2010 年间，YC 由红杉资本领投，分两次向其注入了 1 025 万美元风险投资，其投资者中也包含其后的合伙人保罗·布赫海特。从此以后，YC 开始进行单笔 100 万美元以上投资的跟投，但绝大多数项目还是集中于公司种子阶段。2015 年 10 月，萨姆·阿尔特曼（Sam Altman）筹集了 7 亿美元，建立了"YC 持续性基金 I"，专注于为较为成熟的公司提供投资。运营该投资的人也是大名鼎鼎，阿里·洛加尼（Ali Rowghani）在与 Twitter 管理层发生不和离职后，成为了这笔基金的运营者。在该轮融资后，YC 开始进行大额 B 轮乃至 C 轮的投资。萨姆·阿尔特曼提出将 1 亿美元的资金投入旗下运营的 Y research 平台，这是由杰西卡·利文斯敦（Jessica Livingston）发起的，它致力于公益性质的、高科技含量且短期没有直接经济收益的长期项目投资，其中最主要的项目就是人工智能"OpenAI"项目。

核心竞争力

正如 YC 的创始人保罗·格雷厄姆（Paul Graham）所言，很多创业者根本不缺 YC 的钱。这些申请者自身都不是第一次创业，根本不缺几万、十几万美元的资金，他们愿意放弃部分股权的原因在于 YC 所能提供的资源。YC 刚刚起步时的初始核心团队，除了保罗·格雷厄姆和杰西卡·利文斯敦的夫妻组合（两人都是资深的企业家）外，罗伯特·莫里斯和特雷弗·布莱克威尔（Trevor Blackwell）也都是硅谷的资深大佬和技术天才。申请者团队限于 2~4 人，很多项目都只是初步原型甚至只停留于想法阶段。获得格雷厄姆和利文斯敦在发展方向上的把控以及莫里斯和布莱克威尔在技术上的指点，对于企业发展大有裨益。直到今天，这四个人也是最为主要的面试官，把控着项目审批的重要责任。能被他们 4 人挑中，无疑是获得了硅谷最为精英团队的认可，对于创业者的信心也是巨大支撑。而后加入的合伙人更像是 YC 活生生的成功实例。作为创业者们的培训机构，这样的豪华配置是创业者们难以抗拒的。

不仅如此，初期的 YC 与其称之为投资机构，倒不如说更像优质创业项目的橱窗。作为资深的从业者，该公司的核心团队必定掌握着大量的技术、资金资源。10 年前，运用如此小的投资规模，只有慧眼识珠的顶级高手才能

第 3 章
WeWork 还是 YC：美国众创空间的启示

成功挖掘出潜在的价值，获得高倍率的回报。而今，YC巨大的品牌效应也让创业者们后续融资得到了保证。近几年在数论融资后，现今的YC在投资运营上面越发向成熟的投资机构靠拢，但是"夏令营"模式才是其维持活力的最根本核心。

此外，YC还提供招聘平台、新闻整合平台、教育平台和故事平台。故事平台就是用讲故事的方式向创业者介绍他们即将面对的困难与问题，用更加灵活的方式进行辅导。

寻找优质互联网项目的成本已经大大降低了，数万美元就可以招募到优质项目获得股权，这是YC能够持续盈利的基本外部条件。但不可忽视的是其公司内部惊人的能量：无论人员资历还是人脉资源，YC都有着得天独厚的优势。立足于硅谷，全世界非常多的天才们都汇聚于此，共同打造顶级想法和技术的交流盛宴，成功也就不那么令人惊讶了。遗憾的是，该模式在中国本土几乎没有可复制性。无论从技术和想法上的积累，还是创新思维的数量，乃至大环境上最重要的创业者精神的匮乏，我们可能都暂时达不到如此的高度。如何让我们实现这样的宏景，依然是一条艰难的道路。

无论是WeWork模式还是YC模式，都有其显著特点和能够成功的必然因素。WeWork模式备受世界范围内广大创业者的青睐，尽管YC模式在中国本土目前还不能成功复制。但是，YC仍然能够给我们更多启发和思考：那就是想做一家成功的联合办公空间，仅有桌子可不成。

美国众创空间的发展特点

通过对国外尤其是美国众创空间成立背景、发展模式等的概述，我们可以总结出美国众创空间具备的几个特征。

注重"包容"与"共享"的理念

"包容"体现在美国大部分众创空间的入会或者使用门槛较低。一方面，对创业者的学历、背景、技能没有要求，无论是企业家、发明家、学生和军人，或者是残疾人、流浪者、难民，只要有想法和意愿，都可以进行创新创业；另一方面，大部分商业化运营的众创空间都采取会员制，仅需要少量的会费或租金便可以使用办公空间及价值高昂的实验设备。

"共享"体现在这些众创空间注重为创业者提供交流、共享的空间和机会，通过举办创业交流与技能培训等活动，使有着不同经验和技能的创业者可以更好地交流、碰撞与合作，营造从"自己创业"到"社群创业"的氛围。

运营模式多样，项目覆盖范围广泛

美国众创空间运营模式主要包括两类：一类以提供工具设备为主；另外一类以提供创新创业孵化服务为主。前者主要为创客们提供用于制造和发明的各种工具设备或者最新的应用软件等，这些设备、软件个人购置成本较高，在众创空间中"共享"既可以降低使用成本，又可以通过培训课程提高使用技能。后者则主要为创意项目提供融资、产业化和商业化等孵化服务，利用众创空间积累的优质人脉资源和资金资源，为创意项目提供从创意转化到商品的机会。

此外，无论是以营利为目的还是纯粹的个人爱好，从新闻社交网站创建、在线存储服务、新型浏览器开发到小型机器人研制、手工制作等，各行业、各类项目都可以在众创空间得到实现的机会。特别是对于一些目前市场尚不明确的、小众而有趣的设计和创造，众创空间也为项目的实施提供了平台和条件。

政府政策支持，鼓励多方参与

尽管大部分众创间是以营利为目的的商业化组织，但也不乏政府部门和社会组织筹建和运营的非营利性机构。这些非营利性众创空间具有更多福利性，可以为低收入群体和社会边缘群体提供创新创业机会。

许多众创空间的项目及成果是通过众筹网站募集资金的，这离不开政府的允许和支持。例如，美国政府大力推动《就业法案》，允许更多众筹平台的出现，为个人创意和发明提供资金支持。

众创空间的建设和发展得到美国政府多部门的支持与参与。例如，2014年6月，美国白宫举办了第一届"创客大会"，并要求教育部和其他5个政府部门、超过150所高等院校和130家图书馆，联合英特尔等重量级企业共同创建更多众创空间，促进大批学生进入众创空间成为"创客"。

第4章

中国式众创空间：分散的桌子们

众所周知，在创新全球化时代，国家繁荣的前提在于经济发展有活力，而经济活力在于创业创新。随着人才、技术、资本等创新要素能够快速流动，想法、创意、预期孵化的作用在创业创新中越发突出。正是在这种形势下，全新的孵化平台——众创空间应运而生，并将开启"大众创业、万众创新"的新纪元。

中国众创空间的发展现状

客观而言，我国当前的众创空间是在美国众创空间商业模式的基础上，结合中国市场特征"中国化"的成果。众创空间是我们中国特有的叫法，既承袭了国外联合办公空间的模式和特点，又结合了中国的市场特征和发展需求。那么，到底什么是"众创空间"呢？

众创空间是指依托广泛的社会资源，为创业者提供包含工作空间、网络空间、交流空间和资源共享空间在内的各类创业场所，为创业者提供低成本、便利化、全要素的创业服务平台，并开展社会化、专业化、市场化、网

凿开公司间的隔栅
共享时代的联合办公

络化的特色创新创业孵化服务，是合法注册的独立法人。

结合我国市场的特点，我国的众创空间应具备如下标准功能及服务。

1. 空间规划科学合理、务实高效且娱乐设施丰富（如有咖啡、啤酒）。在服务创业者的同时，又能让创业者感受到温暖。
2. 由第三方提供企业所需的税务、法律等方面的配套服务。
3. 选址非常讲究，选择在繁华或极具发展潜力的地段，且空间设计匠心独运，每一楼层的空间布局都有所不同，匹配了相应的容纳人数。
4. 丰富的商业生态搭配。能够使入驻企业、创业者拥有与同领域上下游产业链、不同领域横向产业链进行创业灵感交流、商业业务合作的完整生态体系。

中关村创业大街全球创新社区

第4章
中国式众创空间：分散的桌子们

亚杰汇

在"大众创业、万众创新"的热潮之下，我国市场上形成了大量的新生力量进入众创空间。随着数量的迅速膨胀，各种形式的众创空间带来了大量的运营问题，众创空间自身的生存也面临着挑战。虽然所有的众创空间经营方都认可"众创空间的核心价值不在于办公场地的提供，而在于其提供的辅助创业创新的服务"。但作为服务的空间载体，办公场所是一个不可回避的问题，也是所有众创空间成本的重中之重。

我国第一家众创空间是成立于2010年10月1日的上海新车间。据不完全统计，至2015年各地的众创空间数量已达500多家（也有人说有近千家），其中已有近100家众创空间纳入了国家级科技企业孵化器的管理服务体系。从地域分布来看，浙江、广东、湖北、上海、北京等创新创业氛围较为活跃的地区，众创空间数量居全国前列，北京、上海还成立了众创空间的联盟组织。

我国的众创空间可大致从三个层面来划分。

北大创业营

一是北京、上海、深圳、广州等特大型城市的众创空间。这些城市科研力量强、经济发达，信息技术、智能化制造加工配套能力强，政府支持力度较大，创客活动也比较活跃，如北京一些众创空间得到了中关村创新孵化器的授牌，享受税收、房屋租赁资金优惠及创业孵化服务等支持。

二是科技基础较好的中心城市的众创空间，如西安、杭州、武汉、成都、厦门等地的众创空间开始起步。但由于这些地区产业基础以及科技服务有限，众创空间缺乏较系统发展规划、政策资金以及产业配套支持，发展相对滞后于一线城市。

三是依托高校以及科技园区形成的创客空间，如杭州洋葱胶囊等，因其科研资源条件较好，能发挥教师、学生专业和兴趣特长，引发了高校创客空间的萌动和发展。

中国众创空间的主要模式

根据组建方式、创业服务内容和运营模式等方面的不同，我国目前的众创空间大致可分为专业服务型、培训辅导型、媒体延伸型、投资促进型、整合服务型和联合办公型 6 类（见表 4-1）。

表 4-1　我国现有众创空间分类

类　型	运营模式	举　例
专业服务型	以项目发布、展示、路演等创业活动，为初创企业提供社交网络、专业技术服务平台、产业链资源支持等服务	创业公社、上海新车间、深圳柴火空间、中关村创业大街全球创新社区、洪泰空间、极地创新中心
培训辅导型	整合教育资源，以结合实际的理论培训体系为依托，作为学生学者创新创业的实践平台	清华 x-lab、北大创业营、亚杰汇
媒体延伸性	利用新媒体宣传优势为企业提供包括宣传、信息、投资等各种资源在内的线上线下相结合的创业服务，其中部分机构借此衍生出培训辅导功能	氪空间、创业邦、黑马全球路演中心
投资促进型	设立资本平台，聚集各类投资机构及投资服务机构，吸引汇集优质创业项目，为投资人提供项目资源，为创业企业提供融资服务	车库咖啡、Binggo 咖啡、天使汇、3w 咖啡
整合服务型	提供包括金融、培训辅导、招聘、运营、政策申请、法律顾问乃至住宿等一系列综合性服务	创客总部、中关村互联网教育创新中心、科技寺、融创空间、国安创客
联合办公型	以物理空间为基础，综合上述各型模式，致力于打造生态化的联合办公体系，为场内及社会性客户提供全要素服务	优客工场、无界空间、P2、梦想家、SOHO 3Q

下面通过几个案例来更好地了解我国众创空间的模式特点。

凿开公司间的隔栅
共享时代的联合办公

创业公社

创业公社（专业服务型）全称为北京创业公社投资发展有限公司，于2013年建立运营，是我国领先的创业生态运营商，引领产业向创业资源共享融合、专业垂直、生态多维的3.0时代发展。创业公社坚持"欢赢梦想、连接成功"的品牌理念，通过围绕产业链、打造创新链、优化供应链、完善资金链，形成产业资源集聚、企业多元互补、服务功能完备的创业生态环境和开放共享互联的创业社区，构建"组合金融＋全产业链＋产业园"的区域创新生态运营模式。同时，布局VR/AR、智能制造、文化娱乐等新兴产业垂直孵化器和法律、媒体等创业服务商，致力于为创业者提供一站式创业解决方案。

创业公社坚持"基地＋基金、孵化＋投行、股权＋债权、政策＋市场"的特色经营理念，通过导入政府和产业资源为创业企业提供平台支持：充分利用科技企业产品B-大企业市场资源B-各地政府G相互连接形成的三要素互为支撑的优质渠道资源，对接双创5 000家中小企业与政府（国企）采购，通过北京核心创业区域展示推广中心（免费）＋外场地巡回展示、互联网平台，进行线上线下的体验展示及交易。

创业公社采用"北京核心创业区域全覆盖＋一线城市自营＋二三线品牌输出"模式进行全国覆盖的轻资产运营。自2016年来，创业公社通过对城市存量资产的重新定位、更新升级与运营管理，为业主方实现资产盘活与价值提升，为存量资产提供潜在的证券化及交易机会。目前，创业公社运营面积13万平方米，业务覆盖北京、哈尔滨、烟台、天津、厦门等地。入驻企业超过1 500家，储备客户50万家，走出97家雏鹰人才企业，有20家企业

第4章
中国式众创空间：分散的桌子们

创业公社

市值过亿，5 家企业被收购、并购。

创业公社核心产品圈主要包括创业办公、公寓配套、企业基础运营服务、高端培训、金融服务和数据服务。

创业办公。借助 SGSISO9000、阿米巴模式及精细化运营管理体系，不断提升专业化服务水平，为创业者和团队提供个性化的办公空间，逐渐形成了多点支撑、互为依托的园区生态链。创业公社运营着全国首个腾讯创业基地，全国首家智能硬件创新孵化基地，并与微软（亚洲）共建了华北区域唯一的微软游戏创新中心，与 VR 虚拟现实技术媒体孵化平台青亭网合作，在中关村·国际创客中心打造虚拟现实产业基地。

创业公社·中关村国际创客中心位于中关村示范区海淀园，是汇聚全球创新要素的创业生态空间，以硬科技孵化为主，打造 VR、大数据、智能硬件三大街区。目前，入驻 59 家企业，其中包含青亭网、大锤资产、美道家等多家有代表性的企业。

创业公寓。由原首钢单身宿舍改造升级的 37° 公寓，是为年轻创业者量身定制、精心打造的生活和居住空间。这里是充满了思想碰撞、交流沟通、生活互助、娱乐狂欢的创业者之家。未来创业公社会将 37° 公寓打造成为服务创业生活的第一品牌。

金融服务。依托创客金服,为企业提供资本市场推介、股权+债券融资、微股权、政策申请等服务,助力企业对接多层次资本市场。

高端培训。与中关村管委会联合开展了斯坦福大学"点燃"项目等国际化项目。依托长青商学院,打造了长青创训营、长青集训营、长青创享会、长青读书会四大板块。

数据服务。依托水滴征信平台,结合金融优势和中小微企业征信需求,建立以 CRM 为核心的数据信息平台,构建集数据服务、管理、决策和营销为一体的全新服务体系。

经过 3 年的快速发展,创业公社成长迅速,先后被评为国家级科技企业孵化器和国家级众创空间、海峡两岸青年就业创业示范点、中关村创新型孵化器、北京市首批众创空间、北京台湾青年创业基地、北京市中关村雏鹰人才基地,被评为"2016 年众创空间品牌荣耀 TOP10"、《中国企业家》"十大最受欢迎孵化器"。

车库咖啡

近几年,咖啡类众创空间的成立如雨后春笋,位于北京中关村创业大街中心的车库咖啡(投资促进型)于 2011 年 4 月 7 日开始试营业,5 月正式开业。它的面积约为 2 200 平方米,是一家以创业和投资为主题、以咖啡厅形式展现的开放型早期创业孵化器,创业者只需每人每天点一杯咖啡就可以在

凿开公司间的隔栅
共享时代的联合办公

这里享用一天的免费开放式办公环境。可以说，车库咖啡不仅是创业者的低成本办公场所，也是投资人的项目库。

2015年国务院32号文件中明确提出大力推进"大众创业、万众创新"政策，发展创新工场、车库咖啡等新型孵化器。为了顺应国家号召、推广车库咖啡、带动地方企业转型，车库咖啡决定于2015年底开始全国布局，根据当地产业结构部署孵化器。

车库孵化器是面向早期创业者搭建的专业化、模式化、系统化、能效化的全国性初创企业综合服务平台，以带动区域产业升级和转型、促进产业经济发展、异地产业移植为宗旨，推出科研院所和大学高校的科技成果转化模式及市场运营创新模式，以众创空间运营服务为基础，为项目创始人提供创行业竞争分析、商业模式验证、IT技术开发、核心团队组建、投融资顾问等服务。

车库咖啡孵化器目前已在北京、海口、厦门、福州、东莞、合肥、承德、共青城开设分公司,逐渐完成全国布局,形成服务网络矩阵。

车库咖啡把进驻其中的早期创业者或团队分为三种。

1. 流动创业者。车库咖啡有60%的面积都给了这部分创业者,据车库咖啡统计车库咖啡中关村店每年平均流动6万人次,每天150~200人次。

2. 常驻团队。桌椅和办公位固定,这类团队的人员和项目均比较稳定,流动性小,能够自行维护日常的办公秩序。

3. 被车库咖啡称作"认证机制"的团队。该认证体系是车库咖啡在经营第二年开始启动的,至今一共服务过的团队达400家左右。每年申请的团队大概有1 000家。

车库咖啡

这些团队目前在全国范围内进行招募，通过车库咖啡的认证并加入其会员体系之后，车库咖啡会给团队提供内部的、精准的资源活动分享服务。对于认证标准的制定，车库咖啡认为并不一定非要以最终是否能获得融资和明确市场方向为标准，只要项目已经有了，并且运营比较正常，团队稳定。此外还有一些附加条件，比如是否已经注册为法人单位，但如果团队特别大，还未注册也可以酌情放宽要求。

如何盈利一直都是困扰创业咖啡的难题。车库咖啡在经过多年探索发展之后，目前的盈利点主要在以下几个方面：除正常的创业孵化服务置换获得的初创企业股权的收益以外，餐品提供、会务举办、活动场地提供、广告与自媒体推广、各地的创业培训和创业交流、协办和参与创业大赛等均可创收；此外，其凭借自身多年在创新创业服务平台运营模式的经验积累和深入观察，车库咖啡对这些经验进行总结和梳理，为其他的创业咖啡或创业服务平台做咨询服务。

在对团队投资方面，车库咖啡孵化器与地方政府达成战略合作，制定产业扶持政策；设立专项创投基金，针对早期项目进行股权投资，助力当地中小企业的成长。

从车库咖啡服务过的团队来看，其中不乏极飞无人机、环信即时通讯、魔漫相机、逸创云客服、闪翼游戏等耳熟能详的名字。在车库的平台上，2011 年至 2016 年底已经有 400 多家创业企业从车库咖啡走出，总融资额超过人民币 80 亿元，其中 15 支团队估值过亿元。拿到过融资的团队共有 70

多家，多数为天使轮，有少数直接到 A 轮。

创客总部

创客总部（整合服务型）是由北大校友、联想之星创业联盟成员企业于 2013 年 12 月发起成立的、专注于移动互联网和互联网金融领域的孵化器，以产业链服务和天使投资为特点。它旨在通过搭建创业者、从业者、投资人、产业链上下游机构的合作交流平台，为创业团队提供专业的产业链服务。创客总部的常规服务也是办公场地的提供，但更加侧重于产业链服务，主导创业者的能力成长和业务发展。

创始人团队的背景涉足移动互联网、技术开发培训、电商以及在线教育的创业，人均有十年左右的创业经验，行业资源也较为丰富，因此创客总部的着力点在于产品的打磨和产业链服务。

创客总部对入驻的初创团队提供服务和帮助的落脚点，主要有以下几个方面。

一是在产品和模式上帮助其判断在复杂的中国国情与市场中定位是否足够精准、商业模式在中国是否可行、未来用什么样的方式去获取用户和盈利。

凿开公司间的隔栅
共享时代的联合办公

创客总部

二是在市场和运营方面如何找到最初的用户、如何通过最初的用户磨合产品，以快速迭代产品，建立运营体系。一方面，创客总部会给入驻团队提出不少建议；另一方面，还会想办法给他们寻找资源。

三是在法律治理结构层面帮助创业者分析创始人之间的股权和激励应如何配置、创始人团队如何搭配，以及在未来可能会引进的人才和核心员工。

四是在天使投资方面进行大力扶持。创客总部早在 2014 年下半年就成立了一支天使基金，此外还联合了 6 家合投基金，首期就投入 3 000 万元人民币，主要用来投入孵的企业。

在盈利模式方面，创客总部在起始阶段主要做孵化器。但发现只收工位租金是赔钱的，一直没有找到盈利模式，后来发现只有做投资才能有盈利。事实上，市场化的孵化器基本都存在这个问题。目前，创客总部对自己的盈利模式定位是"产业链服务＋天使投资"，关联产业相关的服务，重点做产品。

创客总部对入孵团队的评审标准由自己制定，主要看方向（该领域未来是否有机会）、团队（主要看主导的创业者）、产品（切入点）三点。

据创客总部的统计，从入孵团队的规模来看，2014 年有 338 家申请，录取 114 家，之后每个月大致有 9~12 家通过评审。自 2015 年开始，入驻企业的节奏逐年加快，基本上随时都在评审。在入驻企业的规模上创客总部并不设上限，创客总部认为规模十分有必要，因其能够带来氛围和协同效应，人多之后相互之间的协作和配合也会多起来。只要创业氛围足够好，创业团队的自我管理和自我约束能力都很强，就不会有太多管理上的问题。

从已经服务过的团队来看，早在 2014 年就有 32 个团队拿到投资，其中 28 个为天使轮，天使投资的平均金额为 391 万元人民币，而创客总部自己投的多数在 300 万元人民币左右。

凿开公司间的隔栅
共享时代的联合办公

中关村互联网教育创新中心

中关村互联网教育创新中心（整合服务型）位于中关村核心区，是国内首家"互联网＋教育"产业专业园区，立足于互联网教育产业，依靠海淀区教育和 IT 技术的两大优势，打造"苗圃-孵化器-加速器"一体化的创新创业孵化链条，为教育创新企业提供全生命周期支持，是"互联网教育产业的聚合者""互联网教育产业的服务者""互联网教育孵化的领航者"，同时也是互联网教育创业者的聚集地，中国教育创新策源地。中关村互联网教育创新中心目前入驻有近百家教育信息化企业，拥有近千个知识产权，服务学生超过 3 000 万人次，服务院校 4 500 余所，构建了互联、互通、共享的教育创新生态环境，鼓励创新、支持创新。

互联网教育未来工场国际孵化器

第 4 章
中国式众创空间：分散的桌子们

新维学习空间站

中关村互联网教育创新中心拥有完善的服务体系，设有基础服务平台、创新创业平台、融资助飞平台三大服务平台，汇聚互联网教育产业链各个环节的资源，搭建行业沟通交流平台，为创业团队提供人才、市场、管理、政策、资金五方面的综合性服务。

中关村互联网教育创新中心基础设施具有以下亮点。

新维学习空间站。以新维慕课开源平台，语音、笔迹、表情等自动智能识别记录教育、学习行为自然大数据等技术产品为基础，构建的未来智慧教育、自适应学习环境。为教育机构和个人的提供课程录播、直播服务，为未来学习模式测评研究，包括未来学习终端、智能化教学、学习机器人等提供新技术、新产品、新模式。

"中国梦·未来教育"展厅。展示企业形象、创新产品的应用、先进的教育理念以及教育领域最前沿的教育成就。

课件基地。课件基地配有完备的录播设备、专业的摄影光源及声学装修、高清双机位、专用控制室,一流的后期团队,主要服务于公司在课程的前期录制、剪辑后期包装等。

"教育+"咖啡馆。国内首家60个教育行业精英众筹的教育主题咖啡馆,作为一体化孵化链条的苗圃,定期举办沙龙、项目路演、专题论坛等活动,汇聚教育行业资源。

互联网教育未来工场国际孵化器。国内首家互联网教育国际孵化器,与全球10家教育科技孵化器形成合作伙伴,旨在成为具备全球视野、跨国创新创业合作、连接国内外先进教育产品和服务、促进跨国教育创新创业人才和资源互补的教育科技孵化承载平台。

中关村互联网教育创新中心累积孵化互联网教育项目百余个,通过严格的三层审核准入机制及退出机制,使项目覆盖阶段,涉及翻转课堂、慕课(MOOC)、智慧校园、智能排选课、课件制作、教育咨询、直播互动平台、区块链等领域。从融资情况来看,团队拿到天使投资的平均金额为438万元,A轮投资的平均金额为1 253万元。

中国众创空间发展的新要求

随着中国经济发展模式转型的深入、创业环境的不断优化，以及资本驱动的不断强化，众创空间的市场需求也呈现出不断变化的态势，这给中国众创空间的发展提出了新的要求。

一是对完整商业生态环境的需求不断增强。创业者和创新公司不再将众创空间简单地视为降低办公硬件成本的联合办公场所，而是愈发看中众创空间所构建的商业生态及其附属链条。他们希望进入一种完整的商业生态，并在这一生态系统中确定自身合适的位置，进而碰撞商业思想，创造新的商业合作机会甚至模式。

二是对第三方软性专业服务的需求不断增强。随着资本驱动在创业创新型企业中的不断强化，创业创新型企业的发展速度也在不断提升。因此，众创空间的使用者更多地需要有第三方的专业机构介入，为自己提供专业、权威、高效的财务、法务、人力资源等方面的事务性工作服务，从而确保自身将主要精力置于业务创新层面，提升整体的运行效率。

三是对专业性资源、工具导入和整合的需求不断增强。随着国家"科技强国"等一系列战略的实施，科技研发类企业在创业者群体中的比例不断上升。这类市场主体对于专业性资源、数据、设备的需求日益迫切，它们对众创空间的需求已不再是简单的相对较低成本的联合办公场所，而是希望众创空间能够提供自身研发所需要的数据、设备资源，同时也能参与交换。

众创空间应该保持自身的特色，寻求差异化的发展。要在服务创业者全方位需求上下足功夫，即考虑到创业者的学习、创业、工作、产业、社交、健康、居住、生活等方面，以及基于这些方面的品质提升。服务于创业者，帮他们实现梦想，成就梦想。

中国众创空间面临的问题和挑战

随着市场需求的不断变化，目前中国众创空间也面临着一系列问题与挑战。

一是众创空间政绩指标化。有一些地区把建设众创空间数量当作硬指标，或者通过政策优惠强行推出一些成长性较差、功能性较低的众创空间，这只能形成表面的繁荣，难以从实质上促进创新创业。在对某一众创空间发展状况进行评估检测时，应当不仅仅衡量孵化面积、在孵企业数量、服务创业者数量等指标，而是更注重其创新创业服务能力和孵化企业存活率。例如，某省提出到2020年，要培育1 000家以上众创空间等新型创业服务平台；有些省市提出每年建设培育100家以上众创空间的政策目标。这只能形成表面的繁荣，难以从实质上促进创新创业。有些地方为了完成指标，粗暴地"拉郎配"，将不属于创业的项目放入众创空间。很多众创空间"有店无客"。人员参与度、活跃度都很低。

二是众创空间存在"散""薄"现象。我国众创空间刚起步，有"散"和"薄"的特点。

散，是指企业相当分散，不成规模，全国化布局的就更加少。有的只是租个厂房，摆几十张桌子。有的拿到政府补贴后就解散了。

薄，是指底子薄、力量薄，基本都处于单打独斗的状态。底子薄就是普遍缺乏资金，贷款困难，再融资困难。力量薄就是无法承担大的责任，抵御大的风险。众创空间各自为阵，自设小圈子，除极少数联盟外，基本谈不上联合。

三是区域发展不平衡。我国众创空间的发展呈现出明显的区域性失衡，这与地区经济发展水平、政策支持力度有关。比较活跃的城市包括北京、上海、广州、深圳、杭州、南京、武汉、成都、厦门等，广大中西部小城市，创新能力不足、创业氛围不浓，不少地区众创空间还是空白。国家鼓励创新创业，但形成浓郁的双创氛围还需要较长的时期。我国的个人公司及自由职业者数量虽然近年增长很快，但创业群体对于联合办公还有一个接受过程，并呈现出东部与中西部、发达城市与欠发达城市的明显分化。

四是盈利模式单一，资金匮乏。众创空间多以租金作为重要盈利来源，甚至是唯一的盈利来源。在政策扶持期尚勉强维持生存，一旦失去补贴可能就难以为继。而一线城市场地租金过于昂贵，新创企业原本就比较脆弱，如果业主提高租金，势必将他们驱赶离开。此外，在部分城市，有商业地产商也加入分食众创空间，但不能真正给予创客们场地优惠、资源接入以及其他所需要的服务。资金匮乏已成为制约科技型中小企业成长、科技成果转化的主要瓶颈。大部分众创空间拿不到一分钱投资，有些众创空间做完 A 轮融资就陷入困境。

五是专业化程度不高，运营管理人才欠缺。目前，绝大多数众创空间的主体都比较单一，未能建立有效的多主体互动模式，创融互动、创媒互动、创研互动、创政互动机制尚未形成，发展路径狭窄。大多数新创企业及其创客是技术出身，不懂或不擅长运营管理，因而运营组织模式简单，动力严重不足。几个人抱着玩的心态还可以存活，一旦上升到企业管理、治理结构、商业模式，就立即卡壳。

中国众创空间从 2014 年起才刚刚起步，尽管经过三年来行业内众多公司和团队的探索，已经有了很大发展，但是相比欧美国家，我们不仅在创业环境和政策方面存在差异，在企业运营模式上也还需要进一步地发展和探索，才能更好地克服目前存在的诸多问题。我们只有更加适应市场需求，在"大众创业、万众创新"时代才能够更妥善地为中小微企业服务，并成为共享经济时代最不能忽视的一朵浪花。

第 5 章

践行者优客工场的探索

2015 年我离开万科,开始了完全区别于以往职业经理人经历的自主创业,涉足联合办公领域,为创业创新团队打造办公平台。在创业之初,我的想法是把优客工场打造成中国版的 WeWork,因此在运营优客工场的过程中,我们做了大量的国际化研究。恰好因为优客工场客观上支持创业创新,符合国家的政策方向,因而发展比较迅速;同时,因为国际上正在风行联合办公,国内也同步出现了这一风潮。可以说,优客工场本身就是共享经济下的产物,是在社会资源通过共享实现效益最大化这样一种思潮之下自然产生的一种人的社会化组织。

优客工场的战略

优客工场与传统办公空间的区别,就像智能手机与传统手机的区别。传统手机没有延展性,当它变成智能手机以后延展是无限的——用户可以选择、安装、使用各种 App。优客工场就是要搭建一个办公的智能硬件,上面的 App 就是优客工场的服务商,终有一天流量特别大的时候,服务商会纷纷上门,主动要求为入驻企业提供服务。

凿开公司间的隔栅
共享时代的联合办公

美国的众创空间之所以能迅速成长，主要与三个因素有关：一是选址正确；二是服务无与伦比，高筑竞争壁垒；三是强调社区的概念。公司的盈利模型从租桌子、卖服务到互联网平台的会员收入，一步步地在提升。

选址

优客工场选址战略是深耕北上深，城市布局以北京、上海和深圳等一线城市为主，北京选址以 CBD 和中关村为重心，辐射亦庄、望京、西直门、房山、顺义等区域。除上述三座一线城市之外，优客工场的选址还包括广州、南京、杭州、武汉、西安、天津、烟台、青岛等。到 2016 年 8 月底，优客工场签约的服务商近 100 家。优客工场不仅不会跟服务商分任何费用，反而会跟他们签订服务公约，注明服务的基本标准。这很像早期的淘宝，优客工场对被服务的企业有承诺，实行先行赔付的原则。当流量足够大的时候，会有更多、更好的服务商进驻优客工场，入驻企业与服务商一定会起到相互促进的作用。

第 5 章
践行者优客工场的探索

服务

优客工场的服务商将满足进驻企业两方面的需求：一方面是刚性需求，另一方面是花边服务。刚性需求包括财、法、人、宣、金融；而花边服务包括硬技术服务和社会化服务，其中云服务和企业的硬件服务属于硬技术服务，社会化服务包括员工的吃、喝、玩、乐、婚姻介绍、体育健身、幼儿托管、看病、女性健康美容、出行和旅游定制，等等。

当优客工场的流量到达一定程度的时候，会成立独立的投资机构与传媒公司，从投资和定向传媒两方面帮助小微企业的发展。此外，优客工场还会成立自己的优客创业培训学院。

美国从创业培训上成长起来的创业大学是硅谷一所学校，这些创业培训学校的法宝一是非常有针对性的培训课程，二是非常有魅力的导师。史蒂

天津、西安、青岛、烟台的优客工场

凿开公司间的隔栅
共享时代的联合办公

发布

讲座

演出

夫·乔布斯、比尔·盖茨都曾是他们的创业导师。优客工场目前拥有近480人的导师团队，将来在优客工场的社区活动中，每年都会请这些人做1~2场讲座。当我们开办的课程很有针对性的时候，优客工场就会成立一家商学院。

社区

"社交会使优客工场的黏性大幅度提升，老板想搬家，员工不想搬家"，这是我们希望创造的局面。在提供开放办公位和独立办公室的基础上，优客工场会发展建立一个共享办公社区。当社区出现的时候，所有配套的服务将会解决客户吃、喝、玩、乐等多方面的需求，人在办公社区所能享受到的舒适度将会实现一个质的飞跃。

优客工场团队的一群重要成员是社区经理。他们非常有活力，负责工场的日常运行和社交活动的举办。除了社区经理举办的活动外，我们会让会员们更多承担搞活动的责任。例如，在阳光100有诸位歌星和电影演员入驻，他们将在我们的阶梯教室不定期举办音乐会。阳光100大概容纳100多家企业，每家企业好玩的东西拿出来办一场讲座基本上两天一场，加上导师课程和服务商讲座，基本每天都有课程。这样的活动，任何一家小企业在其他的办公空间都是体验不到的。

咖啡休闲空间

定位：做中小企业加速器

联合办公空间里最核心的用户当属中小微企业了。优客工场致力于给中小微企业装上加速器。给中小微企业装上加速器的核心是帮助创业的中小微企业发展，不仅仅充当微型企业的孵化器，也要促进中小型企业的快速发展。

为此，优客工场和洪泰AA加速器推出了"帮助中小微企业发展的加速模式"（加速六步法则），即主要通过初步筛选→深度筛选→导师参与→获取融资等六大步骤，让中小微企业理顺商业模式，加强产品能力，拓展市场资源，获取产业资金，从而达到加速的目的。

经过加速六步法则，预计上百家参与报名加速的企业能够完成最终加速

书吧　　　　　　　　　　　　　　　　　　　　　　　放松椅

的将只剩下几家。在整个过程中，优客工场会采用"赛马而不相马，企业与导师互选对碰，每阶段复盘提升，用数据量化结果，不同企业社群互享"的原则，实现 9 周加速的目标。

在初步筛选和深度筛选的过程中，我们主要从以下两个方面去做主要的审核方向，即赛道和赛手的筛选及加速标准（详见表 5-1 和表 5-2）。

表 5-1　赛道的筛选及加速标准

赛　道 （正确的事）	用户需求	切中用户痛点，符合未来主流发展，能改变未来
	市场潜力	有足够大的未来市场，用户能呈指数级上升
	商业模式	业务明确，具有先发优势，并能实现长期盈利
	产品和技术	有不可复制的技术优势（最好有专利保护），能提供难以替代的差异化服务
	营销推广	已初步实现市场化运作，并有长期的可行性

超长办公桌

表 5-2　赛手的筛选及加速标准

赛手 （正确的人）	真实动力	创始人有非常清晰的创业动机，有改变现状的热情
	个人背景	有创业经验（尤其是创业成功的经验）
	企业家精神	创始人有领导力、行动力，对行业的分析透彻
	团队组成	有良好的团队互补性和民主的生态

有了上述两个方面的筛选和加速，再加上有创业成功经验的导师互动，有潜力的企业将在两个多月的时间走完两年以上的发展过程，真正实现对企业的加速。

目前，不少众创空间主要是在装修、装饰层面下功夫，可以为入驻企业提供很好的硬件服务。优客工场经过两年的运营发现，入驻企业最需要的是智能化的管理和服务。举例来说，目前的办公环境一个重要的方面是网络，我国的企业网络费用并不低，多数众创空间很难享受到"宽带接入费用"的补助，这就造成了众创空间智能化管理的瓶颈。此外，众创空间发展虽快，但时间比较短,可提供全程智能化管理的硬件、软件供应商还很少。

优客工场通过自己的运营摸索,已经建立了初步的智能化管理体系,让入驻企业实现互联网化的办公:包括手机 App 办理预约来访、办理入住、App 订会议室、用手机扫描二维码开门;同时还可以使用全球通用的视频电话来进行跨区域的交流。

空间的场景化设计

空间的场景化设计一是为客户提供最舒适的空间体验,让工作成为乐趣,而不是负担。"在生活中工作"是联合办公这种新的办公形式在互联网时代缘起的初衷。优客工场从创立伊始,在空间产品的设计上就定位为"生态系统"。因此,每一个优客工场社区都像是一座微缩版的城市综合体,囊

北京阳光 100 优客工场山丘剧场

括了使用者的"衣、食、住、行"等功能。空间功能部分包含了"咖啡厅、轻餐区、书吧、诚信超市,以及酒吧、剧场、画廊、健身房、胶囊公寓、医疗诊所、游戏室甚至母婴室",等等,并且新的空间产品还在不断迭代中。

二是空间设计以时间为轴进行转换,能够从一个场景进入另一个场景,这包括:如何实现下午 6 点前和 6 点后的功能场景变化;如何让一个办公空间在一天的工作结束后变身为另外一个生活场景。

空间功能多样化

此外，新近入驻优客工场的"企鹅团"（一家以"吃喝品牌及自媒体"的入驻企业）带给我们新的启发，联合办公空间如何变成为企业客户提供服务的撮合交易平台将会是指导未来优客工场空间设计的另一个方向。

场景一："咖啡休闲空间。工作者喜欢在这种充满轻松色调与绿意盎然的空间中交流、工作、闲坐。这个"社会化"空间同时还承载着企业客户的信息发布功能，充分发挥了空间流量的利用，从而扩大信息传播的受众面。

场景二：每周五傍晚的"Beer Party"。创业之余的休憩狂欢，远离周五的交通拥堵，使得这里总是一处最充满欢声笑语的场景。

场景三："书吧"。最新和最具代表性的书籍可以很容易地在这里找到，每一本书都精心筛选，静静地等待着智慧的开启。

场景四："诚信超市"。在"诚信超市"里可以很方便地自助买到各种必需品，只要扫描一下二维码就可以支付，这很有"乌托邦"的感觉。

场景五：角落里的放松椅。阳光100健康诊所门口的自动按摩椅常常爆满。工作者辛苦工作之余可以通过扫描二维码支付来享受片刻的放松，或者偶染贵恙的时候随时来健康诊所寻医问药，空间功能的设计一切都是从人性关怀角度出发。

凿开公司间的隔栅
共享时代的联合办公

空间为创造效率而生

为了让创新回归本来面目，即创业者可以专注于创新、发展高效率创造和无微不至的服务，让工作从此变得"无拘无束"。优客工场的空间设计目标就是能高效地满足创业者的创业需求，以排除企业创业过程中的后顾之忧。

场景一：从桌子开始，为了让使用者感觉舒适，桌面长度特意比标准桌面略长。同时我们设计了不同高度的桌子来实现"站立式办公"，以满足团队的灵活组织，未来我们还将赋予桌面"互联网"平台的作用，甚至和我们场内企业客户共同研发 VR 虚拟桌面。或许有一天，我们可以不必离开桌子就可以实现从会议到订餐等各种工作需求和信息传递。

高效交流空间

第 5 章
践行者优客工场的探索

集中配置的办公设备资源空间

场景二：高效交流空间。社区内设计了各种类型的会议空间和讨论空间，来满足大小团队的各种会议交流需求。设计上将这些功能分别设置在不同的空间，任何一个可以停留的公共区域都可以交流和讨论，任何一个充满情趣的角落都会准备好白板，除了必要的需要保证隐私的空间外，我们鼓励大家随时随地交流。因此，优客工场社区内随处可见朝气蓬勃的创业场景。

场景三：场区内的不同区域集中配置了办公设备资源空间，方便地为客户提供着日常办公的需求，大大降低了企业创业的成本投入。集中的前台服务中心也为客户提供便捷的接待、快递发送及其他的预约服务，大大提高了企业客户的工作效率，让客户可以轻松而专注地创业。

空间即平台

优客工场是提供创业服务的平台，空间为"内容"服务。因此，联合办公物理空间的设计就要围绕这一宗旨来搭建各种平台。例如，"撮合交易"的空间设计只有通过产品展示、企业间交流环境的塑造，才可能与优客工场的服务相匹配。

场景一：在北京阳光 100 的优客工场，有一处"知名"的标志空间——山丘剧场。这里不仅是上下空间的交汇链接，同时这里还通过频繁举办各式各样的讲座、发布会和访谈等活动，成为了场区内企业之间的沟通平台和信息获取及发布平台。

场景二：如何将"艺术"贯穿于优客工场展示空间的设计中，是我们一开始就确定的方向。一方面，在我们将"生活之美"展示给大家的同时，"艺术"性还有利于优客工场品牌的提升；另一方面，不少入驻客户也非常需要有一个自身产品展示的平台。在空间设计伊始，我们就考虑要将优客工场优势资源链接平台与场区内的物理展示平台相结合，尽最大可能为入驻企业服务。

场景三：联合办公的形式同时带来了空间功能多样化的需求，如咖啡厅可以开会，办公桌旁边可能就是游戏机，而餐厅又可能是工位，等等。办公空间被重新定义，优客工场的空间设计也在逐步的探索中不断优化。

第 5 章
践行者优客工场的探索

综上所述，优客工场场景化设计注重的并非仅仅展现出空间的美，更注重空间容器内所发生的内容，以及为实现内容而搭建的各种平台，即这样的设计是否从企业客户角度出发满足入驻企业真正的需求。

展示空间的设计

推动众创空间快速发展

在过去的探索实践中,我们既进行了大量的国际化调研,又深入了解了我国国内的市场情况。如今,结合我们自身的摸索和实践来给我国众创空间路上共同前行的伙伴以及支持众创空间发展的有关部门提出以下几点建议。

一是合理制定众创空间绩效指标。加快众创空间发展,需要包括租金补贴、场地提供、税费减免等方面的政策扶持,但不宜将众创空间的发展作为一项硬性政绩指标。在对某一众创空间发展状况进行评估检测时,不应当唯孵化面积、在孵企业数量、服务创业者数量等指标论,而是更注重其创新创业服务能力和孵化企业存活率。

二是鼓励联盟、投资、并购。我国相关主管部门应出台明确规定,支持众创空间的联合、联盟,支持有实力的众创空间开展对外投资并购、股权合作,追求规模化发展,进行全国化布局,做大做强。对具有一定规模化和盈利能力的众创空间,在直接融资尤其是上市等方面应给予有针对性的政策倾斜。

三是健全众创空间投融资体系,打造全要素孵化平台。租金收入只是众创空间的基础收入,要形成一个自足的产业,它还必须形成全要素孵化平台、股权投资平台、资源合作共享平台。这些平台无法完全依靠创业服务业产生,而是需要整合各类社会资源。

例如针对智能硬件和科技产品企业，从专利转化、软硬件设计、市场化调整、融资、实体化样品、批量生产，一条产业链的贯通，需要从科研机构或高校、软件设计企业、市场或商业导师、投资人、生产线诸多方面对相关工作进行扶助。为此要与高校、企业、行业导师、投资人和生产厂家等进行分享式合作，将不同的资源整合到同一个平台上，使相应的服务对象获得自身无法整合的整个产业链的接续服务。但相应地，各方面关系需要政府和社会为服务业平台牵线和辅助推动，以便丰富与完善创业生态，实现创新型社会可持续稳定发展。

四是坚持市场化配置资源的原则。不少地区的众创空间及创业孵化器，前期主要由政府推动创立，有的甚至是作为示范样本来建立。但这种模式很难走远。众创空间和新创企业的发展，确实需要政府扶持，包括提供一定的财政补贴、税费减免等，但总体应坚持政府引导、市场化成长的原则。众创空间也必须经历市场大潮的淘洗。

从效率和效果出发，希望政府支持企业和机构进行创业服务业的构建和拓展，将相关事务交由市场来决定，以发挥市场对资源的配置作用。政府的主要角色，应该是完善众创空间的技术服务体系、融资服务体系和孵化管理体系，而不是包办代替。政府服务不能行政化，必须引入专业化市场服务主体。

五是认真甄别金融领域的众创空间。金融领域的众创空间，尤其是涉及众筹的平台，应该严管严控。有些公司或个人，既没有互联网技术的实力，也不懂金融业务，就随意建立 P2P 平台。其获客方式主要靠线下雇用了大量"理财师"团队进行的地推，甚至建立不合规的资金池，进行平台自融，直接分配资金去向。

六是降低准入门槛，简化登记手续。继续深化企业名称、经营范围和住所登记改革。企业名称可注册登记为"众创空间""创客空间"等专业名词，其经营范围可核定为"众创空间经营管理"。放宽企业住所登记条件，降低审查要求，积极落实"一址多照"政策。畅通绿色通道，推行"集中登记"。

第二部分

共享的不只是办公,更是社群

第6章

众创空间的共享理念

通过考察研究美国、英国、以色列、德国、法国、新加坡、日本等国家和地区的联合办公模式,我对众创空间有了更深入的认识。众创空间使得广大的中小微企业找到了可以依托和支撑的平台,因为小微企业或自由职业者仍然是需要某种组织依托的。在众创空间里面,企业之间交互的过程使得其形成一个天然的生态圈。

共享经济是自由经济国家按照社会化手段进行资源配置产生的一个新物种,它是按照社会资产逻辑产生的,全球都在风行,只不过适应不同地域、不同人群、不同人种的手法不太一样,其背后的逻辑、理论是一样的,都是共享经济发展到社群经济的结果。

中国的联合办公说得深入一点,就是一张一张桌子、一个一个工位串起来的资源平台,因为它节约了很多资源,所以能为小企业或者自由职业者带来的价值是巨大的。一张桌子、一个工位价值的 80% 来源于增值服务,20% 是其本身空间的价值,这就是联合办公潜在的巨大能量。

经济全球化是当今时代最无可争议的事实,因此经济发展的任何方面都需要放到经济全球化的大背景之下去考量,这样才能透过商业现象看到商业的本质。对于众创空间的考量亦不例外。

全球化视角下的共享经济

与传统的酒店业、汽车租赁业不同,共享经济平台公司并不直接拥有固定资产,而是通过撮合交易获得佣金。正如李开复先生针对优步(Uber)、阿里巴巴以及空中食宿(Airbnb)三家企业所说的:"世界上最大的出租车提供者没有车,最大的零售者没有库存,最大的住宿提供者没有房产。"然而,就是这种新兴的共享经济模式正席卷全球。

共享经济是商业本质精神的回归

原始时代人们不断改进的劳动工具提高了生产力,生产物过剩衍生了原始的交换,也出现了最原始的商业。在商品交换的历史发展过程中,最初的商品交换是物物交换,如1只绵羊与2把石斧相交换。物物交换之所以能够成功是因为双方都需要对方的商品,这就是典型的"共享"的概念。而今,风靡全球的共享经济在互联网浪潮中快速崛起,我们仿佛看到了商业本质精神的一种重新回归。

共享经济是建立在资源共享基础上的,是能够满足客户临时需求的商业模式。从狭义来讲,它是以陌生人之间就物品使用权暂时转移为形式,达到供给方与需求方各取所需目的，以实现物品使用效率大幅提升为特点的商业模式。目前，共享经济在互联网信息、出行、住宿、创新服务等领域已取得了不俗的业绩，如提供旅行房屋租赁服务的 Airbnb，提供汽车租赁服务的 ZipCar 和 SnapGoods，为用户提供城市便捷叫车服务的"互联网 +"企业优步。另外，eBay、YouTube、谷歌、Waze、WeWork、Facebook、WhatsApp、OKCupid 及中国的阿里巴巴、微信、淘宝、优客工场等平台与企业，都是共享经济模式下商业转型的一部分。共享经济做了一件大事，就是对人与人、物与物之间连接的媒介进行了再整合，这就是共享经济的创新之一。

我们说共享经济生而逢时，是因为只有在 Web2.0 时代，共享才能真正从概念走向经济。互联网全球的完善、移动智能终端的普及，完成了以下共享的三个基础。

- 全民移动化，尤其是服务提供者（如 Airbnb 房主）开始接入移动互联网，解决了共享前端供给问题。
- 移动支付。国外的苹果支付、国内的支付宝等的应用和普及，解决了利益交换的问题。
- 共享平台提供了供给方与需求方的互相评价机制、动态定价机制，是共享经济最生动的场景展现。

凿开公司间的隔栅
共享时代的联合办公

以全球化视角审视共享经济

"全球化"一词既是一个概念,也是人类社会发展的一种现象或过程。但毫无疑问,全球化是基于打破地域限制的人与人之间不断增强的联系,促成了全球的政治、经济贸易上的相互依存,进而形成全球一体的人类意识。只要是稍微了解共享经济的人都不难理解,全球化给共享经济的发展创造了基础条件,互联网、通信、交通等领域科技的进步为共享经济的发展提供了物质条件,于是全球化与共享经济相互促进,共同影响人类社会。

当我们惊讶于阿里巴巴莫名其妙的崛起、淘宝风靡全国、微信成了大多数年轻人日常无法离开的交流工具时,却不能忽视 eBay、Facebook、谷歌等国外共享平台早已布局全球,并悄然渗透进我们的生活中。显然,这就是时代的特点,共享经济早已在全球崛起。我们以两家具有代表性的企业 Airbnb 和优步的全球化发展来看共享经济。Airbnb 和优步是共享经济时代的革命者和先行者,一个打破了传统的房屋使用观,一个开启了新的用车共享时代。

Airbnb

Airbnb 成立于 2008 年 8 月,总部设在美国加州旧金山市。它是一个旅行房屋租赁社区,用户可通过网络或手机应用程序,发布、搜索度假房屋租赁信息,并完成在线预订。Airbnb 用户遍布 190 个国家近 34 000 个城市,发布的房屋租赁信息达 5 万条。Airbnb 被《时代周刊》称为"住房中的 eBay"。其创办的出发点源于创始人在当时一个国际设计大会期间"床 + 早餐"的创意,旨在帮助用户通过互联网预订有空余房间的住宅(民宿)。由于供给端

Airbnb 办公室

的迅速打开，以及 Airbnb 所提供的各具特色的民宿，Airbnb 在住宿业内异军突起，预订量与房屋库存逐渐比肩希尔顿、洲际等跨国酒店集团。

优步

与 Airbnb 相类似，优步自 2009 年成立以来，就在交通领域掀起了一场革命。它打破了传统由出租车或租赁公司控制的租车领域，通过移动应用，将出租车辆的供给端迅速放大，并提升服务标准，如在出租车内为乘客提供一些实用小物品，类似充电器、矿泉水等服务，将全球租车行业带入了一轮新的变革之中。目前，优步已经在全球范围内覆盖了 121 座城市，其中亚太地区有 25 座城市。在中国内地，它已经进驻了上海、北京、广州、深圳、杭州、成都、武汉等城市，其中上海是优步进入中国的第一座城市。

作为全球共享经济产业内的龙头，优步和 Airbnb 在过去 3 年迅猛发展，两家成立不到 10 年的企业，当前估值已经分别达到 510 亿美元和 255 亿美元。其中，优步公司成为全球估值达到 500 亿美元用时最短的公司（5 年 11 个月），并超过小米成为全球估值最高的非上市科技公司。

共享经济是社会服务行业内最神奇的要素。在交通、教育、旅游、生活、住宿等领域，优质的共享经济公司不断成长，新模式不断涌现，在供给端整合线下资源，在需求端为消费者提供更优质的体验。

商业世界的"共同价值"

2015 年 9 月底，习近平主席在联合国大会发言时指出："和平、发展、公平、正义、民主、自由是全人类的共同价值，也是联合国的崇高目标。目标远未完成，我们仍须努力。"这是中国国家领导人第一次在联合国的舞台上大力提倡"共同价值"，并且把"共同价值"提升到全人类的高度，强调全人类的"共同价值"是和平、发展、公平、正义、民主、自由。

随着"共同价值"一词迅速升温，人们开始思考：商业界是否也存在广泛认同的"共同价值"？到底什么才是商业界的"共同价值"？什么才是遨游商界中的企业领袖与创业精英都要遵从的"共同价值"？如何打造商业界的"共同价值"，使我们凝聚和塑造"新常态"下中国商业界新的"商业精神"？

为此，我们总结了三点核心的"共同价值"，即合作、创新、共享。

合作是现代商业的核心

现代商业高速发展的前提是分工，即细分领域专业化，而专业化之后的大生产就要靠合作。因此，合作是现代商业的核心，让大量的专业企业通过合作提高生产效率。

传统经济的竞争是探讨和研究如何利用企业自身的优势来构建和巩固自身竞争优势，那时人们都羡慕在行业竞争中处于"寡头垄断"的大型企业。而现在与未来，最成功的企业将是最能汇聚合作伙伴甚至竞争对手的"开放性、包容性"企业。它们不断增强以合作平台撬动其他企业的能力，使这一系统能够创造价值，丰富价值链，并从中分享利益。

我们把这种高度与外界和谐共生的企业称之为"生态型企业"，即其旗下各业务板块之间能够产生化学反应。在化学反应的作用之下，各业务板块之间互相激发、互相促进、互相保护。生态型结构之下，各业务板块的成长性大大提高，生态整体的竞争力获得几何级的乘数效应。生态型企业的优势不仅极其强大，而且异常稳固，一旦确立，将会自我强化和加速。竞争对手可以对生态型企业进行局部模仿，但难以模仿整体，最终将被彻底击垮。

在苹果的生态系统中，苹果公司定义了一系列的标准化软件接口，通过这些接口，不同的软件公司可以用标准化的接口程序在苹果硬件上实现其不同功能，这使数以万计的开发商能够通过苹果平台发布自己的软件，从而分享生态圈所创造的价值。而这种价值合作的方式也较为简化——苹果从平台软件商的收益中进行固定分成，从而进一步降低了相关的交易成本。

在一个商业生态系统里，合作是关键。每个关键业务领域都必须是健康的，任何一个环节的脆弱都可能损害整体的绩效水平。因此，成员的眼光必须从企业内部转向企业外部，避免企业获取的利益超过生态圈所能够创造的利益，从而导致商业合作的崩溃。因此，合作是商业界"共同价值"的核心。

创新是共同价值的灵魂

经济学上，创新概念的起源为著名经济学家熊彼特在1912年出版的《经济发展概论》。熊彼特在其著作中提出，创新是指把一种新的生产要素和生产条件的"新结合"引入生产体系。创新包括五种情况：引入一种新产品；引入一种新的生产方法；开辟一个新的市场；获得原材料或半成品的一种新的供应来源；实现任何一种工业的新的组织形式。熊彼特的创新概念包含的范围很广，涉及技术性变化的创新及非技术性变化的组织创新。

随着商业全球化时代的到来，创新成为驱动经济发展与商业变革的核心动力。而进入21世纪以来，互联网更是将创新的精神深入到商业的各个领域。创新成为企业的灵魂，成为企业的核心竞争力，只有靠创新、靠技术、靠品牌才能抵御风险，才能在危机中把握机遇。因为创新才诞生了谷歌、优步、小米、滴滴、优客工场等新兴企业。

现在，我国每天有 10 000 多家企业注册，平均每分钟就会诞生 7 家公司。创业大军、创新浪潮无时无刻不在洗礼、重塑商业环境，"不是我不明白，而是这世界变化快"，传统行业也必须在"创新"的道路上大踏步前进，探求企业转型的最佳时机和方式方法，以"创新"丰富企业的价值链，获得长远发展。

创新不是一句空话，需要企业革新的意志和切实的行动。对于整个中国经济而言，从"中国制造"到"中国创造"可能会经历量变到质变的漫长征程；但对于某些企业，这或许只是经营理念的转变，可以在较短时间内实现。实现这种转变已成为许多中国企业的当务之急。

共享是共同价值的必然

目前，随着为用户提供城市便捷召车服务的优步、提供旅行房屋租赁服务的 Airbnb、提供汽车租赁服务的 ZipCar 和 SnapGoods、提供联合办公的 WeWork 等一批企业迅速崛起，以此为标志的共享经济浪潮正在席卷全球。未来，依靠燃烧化石燃料、以消费为基础的工业经济即将终结，而依靠分享、开放和连接发展起来的共享经济则会逐渐繁荣。共享经济对中国的未来将形成深刻而持续的影响，中国的共享经济时代正在向我们走来。

当我们能轻松地与人交流，分享资产、人脉、创意、资源和想法时，所有的一切都改变了。Web2.0、共享经济、众包、协同式生产、协同消费和网络效应等，都是在这一转型过程中出现的现象。这些企业的崛起都有一个共

海龙大厦·优客工场

凿开公司间的隔栅
共享时代的联合办公

同的基础：产能过剩＋共享平台＋人人参与。人们工作、创业和经济发展的方式也都因此而发生了改变。

我创办优客工场，就是想要在办公领域对共享经济进行探索与实践。优客工场模式最核心的就是"以桌子为入口，多维度盈利，共享即价值，大数据是资产"。最早我们以为拿桌子赚钱，现在变成了桌子仅仅是入口，多维度盈利，共享才可以带来价值，最后是大数据。我们会在未来的三到四年之内，看见大数据和共享办公结合产生出的巨大魅力。

试想，优客工场凝聚着大量的投资者、创业者与高创造力的群体，共享的资源可以连接这里面个人和企业的最佳能力，其实质就是高效利用每种资源和每个利益相关者。"连接"能带来行业的优势（需要较大的规模和大量资源），"个人"能带来个体的优势（本地化、专业化和定制化），两者的有效结合就会产生意想不到的结果，甚至可能是奇迹。通过利用已有资源，如有形资产、技术、网络、设备、数据、社区等实现O2O商业社交平台，优客工场的创业企业就会实现几何级飞跃式成长。

共享经济重新书写了价值创造的法则：分享资源会带来更高的效率；分享知识会带来更伟大的创新。可以说，共享是商业界"共同价值"的必然。

总之，"合作、创新、共享"正是基于时代风口，在互联网时代中日益显现的商业界"共同价值"。善于开放自我、创新自我、共享自我的企业，更能以优美的姿态拥抱互联网，拥抱这个时代。

我们这一代，正在中国制造到中国"智造"的路途上奔跑，正在商业模式的爆炸式创新中获得重生，正在经济"新常态"中寻求商业"新模式"下的新价值。而"合作、创新、共享"的共同价值将陪伴着我们披荆斩棘，栉风沐雨，为这个时代重建新的商业精神！

重视用户体验

共享经济风靡全世界，用户体验是其获得快速发展的不二法门。

用户体验是生存发展之本

用户体验是什么？它是一种纯主观的、在用户使用一个产品（服务）的过程中建立起来的心理感受。我认为，用户体验就是要做到超预期，让用户使用时感到产品超过了他们的预期（包括便捷、流畅、效率、速度、价值等）。在互联网时代，你不重视用户的想法，用户可以选择点击屏幕右上角的"×"，或者放弃你的产品，这就是共享经济条件下你所面临的环境，无论做产品还是做设计都如履薄冰。重视用户体验就要了解互联网时代用户的习惯，这些习惯涉及行为的惯性、需求的个性、第一印象的重要性、相信熟人的推荐、操作便捷、对文字加图片的偏好、注重资金的安全、搜索便捷、私隐保护，等等。让我们先看看几个例子，来切身感受共享经济成功的企业是如何重视用户体验的。

从国外的例子来看，首先是Airbnb，可以说它的迅速发展离不开对用户体验的重视。Airbnb创始人对网站进行了优化，简化了支付流程，租客只需输入一个信用卡卡号，户主就可以自动收到房费。另外，只需一个按键，房主就能预约一个免费的专业摄影师上门拍摄房间照片，并上传到Airbnb的页面信息上。这些做法让Airbnb变得体面而时尚，安全而值得信赖。仅仅是图片的差距，就足以让用户更愿意到Airbnb网站订房间。一旦Airbnb的用户喜欢上他们的服务，就会形成一传十、十传百的口碑。因为专注于用户体验，Airbnb公司的收入每周都会翻几番。

优步有着不同的视角，它从乘客和司机两种用户利益的视角出发，使用经济杠杆来平衡乘客与司机的用户体验，各取所需。乘客获得舒适的用车服务，司机获得他们最想要的劳动收入。对于优步的用户，只要身边看到有车，基本都可以呼叫到司机，这也就是为什么优步进入中国市场时间不长，就一下跃升到国内同类行业第二位的原因。

iPhone 5s有两点创新让人印象深刻，一个是它会根据你使用软件的频率，在你下次使用之前自动更新内容，让你无须等待加载；另一个就是指纹解锁功能。可想而知，当你每次去App Store都要面对由字母、数字、大小写组成的密码时，有多么烦恼。即使是屏幕的解锁也要耗费1~2秒的时间。现在用手指一键解锁，这就是超出预期的用户体验。

腾讯的经营理念之一是"一切以用户价值为依归"。马化腾也认同，产品的核心能力是帮助用户解决他们某一方面的需求，如节省时间、解决问题、提升效率等；其次是口碑，特别是关注高端用户、意见领袖关注的方向；然后是要时时更新，做到细致入微。

做联合办公领域最好的用户体验

以上都是国内外知名的共享经济环境下成长的"独角兽"企业，他们都是以用户体验为产品创新、开发的基石，并取得了极为有效的成果。优客工场的创新并不局限在办公空间的共享或办公设备的共享上，而是认为在共享经济的理念上有巨大的延伸空间。从业务上，由办公桌延伸出来的业务在不断增加，包括人力、财务、法务、品牌宣传等，以及银行、投资人与创业者的对接。以此为基础，紧接着是对O2O流量的转化，对大数据的处理，在用户体验之上的服务、产品、设计的改进，我们从这些方面会衍生出更多的创新，比如创业人群的生活与居住方案解决、优客社群质量的提升等。优客工场本身就是共享经济的产物，所以我们深刻体会到用户体验对于共享经济的价值。

在用户体验方面，优客工场有着特别的途经，就是深度连接与社交。社群建设中的社群活动、人与人面对面的交流是最直接的用户体验。在优客工场里设有专门的社区活动公告板。在这里，优客工场会定期举行一些活动，促进入驻企业间的交流。而入驻企业本身也可以根据自己的资源优势，举行一些专业的或独具特色的社区活动。在优客工场举办的各类活动中，最受欢迎的是行业大咖的讲座，包括对创业、创新、健康、心理成长、音乐等话题的分享。比如2014年10月"Start+ 女性主题创业周女性创业咖啡沙龙"，以诺教育总裁刘青就女性创业问题与观众进行了讨论和分享，受到了众多女性创业者的欢迎；也有专业性更鲜明的如资金对接、财务管理、人力成本、法律服务等方面的分享，比如海龙社区"天道诚专题讲堂：7个中小企业必须知道的年末财税事项"。在这些连接与社群活动的交互中，用户体验的数据正在被我们收集，后期经过对大数据的处理，就为开展进一步的社群活动和开发新的创新服务提供了很有价值的依据。

从互联网时代用户体验来说，用户对产品是：3秒站点印象，30秒了解产品，3分钟了解产品价值，3天认同站点，3周使用习惯，3月口碑效应，3年品牌认同。从这里可以看到，培养消费者习惯是一个日积月累的过程，一旦失去用户，可能很难挽回。在共享经济条件下，企业要注意的环节有很多，但最核心还是在于用户体验。

共享经济的九字要诀

据估算，到2025年，全球共享经济的市场规模将达到3 350亿美元，年复合增长率达到36%。而在未来的3~5年内，中国的共享经济的规模会达到全球第一。

大家都在探究隐藏在年复合增长率为36%的"共享经济"背后的秘密是什么。优客工场作为共享经济的代表，2017年1月在完成B轮融资之后估值近人民币70亿元，在全球布局了18座城市的66个合作场地。我个人从优客工场的成长中总结了共享经济的"九字要诀"，即生态、社群、分享、大数据。所谓背后的秘密则在于，通过"共享"重新构建了人与人之间的关系，升华了"共享"过程中的经济和人性行为，隐藏在商业模式背后的人性哲学成为真正助推共享经济快速发展的魔手。

价值创造的新法则

在优客工场，创业者可以通过"投资直通车"直接面对心仪的投资机构和投资大咖，将"资本"直接娶入家门，抑或将投资大咖对项目中肯和一针见血的建议收入囊中；创业者也可以与"法务三人行"并肩而战，将执业经历总和超过50年的律师组合作为自己创业的铜墙铁壁，而请"护身符"入家门不仅价格享受打包优惠，在收费模式上也大开绿灯；创业者除了在核心运营方面取得传统办公场所所不具备的支持和资源外，社区文化更加丰富多彩。这种全新的联合办公形式，很好地诠释了共享经济中"生态、社群、分享、大数据"的要诀。

生态

共享经济可以打造更加紧密、可持续发展的企业与企业（个人与个人）的生态系统。共享经济由于其"共享"二字，将人与人通过某种纽带变为一条线的两个点，没有空间和时间的隔阂，从而将人与人、企业与企业需要靠生态链生存的环境打造得更加紧密。由于共享办公，企业与企业之间的沟通缝隙变得越来越小，企业同时作为设计者、生产者、消费者、代理商、供应商的不同身份，在优客工场内部可以自由转换。优客工场要打造的是一个新兴共享经济的生态系统，推动创业者与创业者之间的"伙伴式协同创业"，使创业生态更加丰富与完善，创新型社会持续稳定发展。

社群

共享经济通过移动互联网打通线上线下，构建社群文化，带动社群经济的崛起。社群"community"一词源于拉丁语，有聚焦、义务之意。现在我们所说的社会学意义上的社群，是在一定地域内发生各种社会关系和社会活动，有特定的生活方式，并具有成员归属感的人群所组成的一个相对独立的社会实体。优客工场建立的全要素孵化机制创业平台，"不让创业者为工作之外的琐事烦心"的办公社群让优质服务触手可及。从给入驻企业提供办公场所为入口，将闲置的资源最大化充分利用，免费提供公共空间、网络、茶水、打印、安保服务，这些免费的公共区域是创业者进行信息交流的最佳平台，也是社群文化形成的直接推手。因此，优客工场以桌子为入口，正在构建的是一个社群化、网络化的平台。

分享

分享是共享经济的核心价值。在优客工场聚集着大量投资者、创业者，大量的资源需要在线下进行实体碰撞。分享即价值，分享即机会。优客工场搭建的共享经济要诀之一——"分享"平台，实质就是高效利用每种资源和每个利益相关者。进入优客工场这个家庭，办公场所是最大的沟通、资源共享平台，Cyx 的排列无法预测将来能产生多少组合形式，发生多少化学反应。

大数据

大数据即资产。优客工场陆续给每家入驻的企业和人贴标签，在数据库里进行分类。僵硬的数字本身不产生价值，优客工场对数据进行专业化的处理即"加工"的能力才是使得大数据有生命力、具有资产特性的操作手段。"数据即资产"的概念被越来越多的人接受和认可,未来人们将会迎来大数据时代,"数据银行"的产生势在必行,谁享有的数据资产越多,谁就有更大的竞争优势。

总之,共享经济重新书写价值创造的法则,要诀就可以归纳为生态、社群、分享、大数据。

人与人之间关系的重构

2015年9月7日,优步公司联合创始人特拉维斯·卡兰尼克(Travis Kalanick)在清华大学发表的《伟大创业者的8个特质》演讲中说道:

优步公司联合创始人特拉维斯·卡兰尼克在清华大学演讲

凿开公司间的隔栅
共享时代的联合办公

优步如果可以帮人们赢回时间，甚至比他们原来预期可以节省的时间更多，那么就已经创造了魔力。如果可以给用户带来巨大的喜悦感，那么就已经创造了魔力。最后，如果用户在一天内获得更多的收入，甚至超出了他们原来的预期，或者让他们节省更多的开销，那么就已经创造了魔力。

这种魔力让我不禁联想到小时候，由于物资短缺，院子里的孩子和大人总是一起到有电视的邻居家看电视的，那种热闹的场景至今还令我难以忘怀，好像看"露天电影"。这是共享经济的早年形态，但不具有资源闲置和实现收入这两个特性。而随着物质生活越来越丰富，人们都关上房门在自己家看电视，家庭主妇们自己抱着纸巾盒追韩剧，男人们自己掂着啤酒瓶看球赛，但其实人们心里似乎都更加怀念那种大杂院的感觉。人们又开始邀请好朋友到家中一起看球赛，一起追韩剧了，当然，招待朋友是不会要钱的。然而，这也是一种共享经济的思路，除了没有实现收入外，这的的确确让闲置的资源利用率单方面提高了。

共享经济不仅仅是一种商业模式，它还在重新构建人与人之间的关系。中国明代最著名的思想家、哲学家、文学家和军事家王阳明的心学总结是："无善无恶心之体，有善有恶意之动，知善知恶是良知，为善去恶是格物。"共享经济重新构建人与人之间的关系，对"陌生人社区、半熟人社区、熟人社区"分别进行着圈层化互动，基于某种物质、空间、时间的"共享"，人们从"无善无恶心之体"的陌生人交往逐步向"为善去恶是格物"的熟人关系移动，这种移动重新书写了人与人的关系，升华了整个共享体验。

在优客工场，我深信将有美妙爱情故事的发生：将会有很多的闺蜜、哥们儿展开心灵的碰撞；将会有"男神""女神"的诞生；将会有多个"优客吉尼斯"产生；充满激情与活力的创业者们会把到优客工场办公作为叫醒他们的"闹钟"！试想，一个人在他醒着时待的时间最长的地方，若总是能有新鲜感、温馨感、家的感觉或者加速器的感觉，将会爆发什么样的一个小宇宙！Airbnb 曾经做过一次调查，发现人们在选择时，房主与自己是否有共同爱好是一个重要的考量点，这很有趣，不过也很合乎情理。平台让人们相互连接，兴趣与爱好更是给这个连接加了一把锁，产生了一种无形的稳固的连接。

优客工场致力于"做创业企业的五星级保姆"。入驻企业在优客工场可以找到家的感觉，可以找到久违了的"大院""村庄"的感觉。人们互相认识，互相帮忙，互相共享信息，互相聊天谈事。我们最终会发现，在共享经济的氛围里，商业、盈利、成功仿佛已经退居次要位置，人与人的沟通、连接、交流才更显弥足珍贵。

第 7 章

共享技术和服务

在从办公空间向办公空间的生态建设转变的过程中，非常重要的一个板块就是社区和社群的营造。因为一大批小微企业在一个平台上办公，这个平台不仅仅是一个物理平台，而是利用互联网、数字化管理和大数据来帮助企业成长的虚拟社区，包括用什么样的服务、结构对小微企业成长最有价值。

对于如何构筑联合办公空间的企业生态系统，我们做了很多研究，包括将大数据思维引入共享空间的管理，打造线上生态社群如线上 CEO 群、线上社区的讨论群等，从而给小微企业装上成长加速器。

接入大数据思维

数字化运营所提供的服务在能力和内容上是与其他创客服务企业有很大区别的，其具有可实现传统服务项目的及时化、标准化、可衡量化及低成本等特点。通过基于数字化运营的大数据分析、图形化的及时展示，可以判断企业运营的健康度，实现关键问题的提前预警，更好地透析企业过往成败的诱因，为后来者提供参考，协助创业企业少走弯路。

Home+ 原来是一家传统家居企业，最早是为房地产企业如万达、星河湾、雅居乐等客户做软装配置的。后来房地产市场发生变化，项目越来越少，创始人赵航觉得他们这个由设计师组成的小团队得自谋生路，于是考虑转型。一开始他们想做电商、做平台，但是不清楚自身优势是否适合。Home+ 原来的公司在奥特莱斯，是传统办公空间封闭的环境，接触同行不太容易。后来赵航抱着试试看的想法加入了优客工场。入驻后赵航发现，优客工场提供很多服务。不仅可以帮助他们对整个产品进行梳理，而且结合他们在家居行业的经验，一点一点从做电商平台的设想转变成自己做产品，再到做智能家居的单件产品。赵航说：

我只懂传统家居的产品链和销售方式，物联网、电商、VR 等新技术不懂，这时候我身边专门做电商后台的入驻企业微讯科技就可以帮我们做运营推广。目前看来，联合办公对我们这些小微公司帮助挺大的，相当于把我们链接到了一个创业生态里。这个空间年轻人比较多，新想法、新思维比较多，能让你接触到你原来行业之外的很多东西。家居领域相对传统，思维比较滞后，在这个变化特别快的时代还是有点脱节的。整个行业还没有接入新的工具。互联网、大数据就是新的工具，可以实现我的想法、客户的想法。

数字化运营的核心架构是"云平台"，创客服务企业应抓住创客企业的核心需求，构建一套完善的云服务平台，形成一个无物理空间约束、无时间限制的虚拟众创空间。即使创业企业因规模扩大离开实体的空间，但其线上的服务仍然依附在众创空间企业的平台上。此外，云平台还可向创业公司输出一套完整的数字化场景运营方案，让其新的创业实体空间也处于服务连接之中。

大数据共享应用的目的

发布区域众创空间创新指数

通过实时掌控区域新兴产业地区维度数据、企业维度数据，可以显示各维度下的新兴产业水平。将区域新兴产业孵化数据进行挖掘、分析、建模等，进行区域动态分析，为区域新兴产业孵化扶持提供决策支撑。实现提升区域科技企业孵化能力，培育战略性新兴产业源头企业，促进国家经济发展方式转型，提高政府公信力及企业满意度，从而为建设新型创新型国家奠定基础。

区域众创空间创新指数主要用于政府评估众创空间的创新能力，促进培育和扶植高新技术企业，通过为新兴科技型企业提供物理空间和基础设施，降低创业者风险和降低成本，促进科技型企业成长，同时发掘和培育战略性新兴产业。

区域新兴产业孵化分析决策平台

实现孵化资源的最佳配置和孵化成效的最大化，降低众创空间运行和服务成本，降低创业失败率、减少孵化资源浪费。促进传统产业的技术升级，改变原有的经济增长方式，调整并优化区域经济结构。

炫嘉中心·优客工场

通过区域新兴产业孵化分析决策平台，制定众创空间的界定条件、税收减免办法、指标评价体系，拓展孵化功能，提升服务水平，满足部分创业企业的研发需求，促进孵化器事业的健康发展。

提供创新企业存活率指数

解决中小企业的流动性难题，能够提高中小企业的存活率，保障经济增长与社会稳定；动态跟踪中小企业成长情况，提供就业岗位，缓解就业压力，为各级政府提供政策参考。

根据大数据分析模型，分析中小企业存活情况，及时掌握中小企业成长情况；有效地区分不同规模企业间生存环境的水平差异，为中小企业健康持续的发展提供数据支持。

创业企业精准投资分析平台

解决投资方对目标企业获取多维度、多种指标的难题，以更为精准、更为全面的数据提供给投资方做参考。

结合大数据分析创业企业的运营现状，同时结合行业数据分析未来市场前景。

数字化运营"众创空间"的可行性

数字化感应能力得以实现基于 Wifi 网络、各种智能系统、物联网感知设备等能力。使得办公场地的数字化感应能力已经具备条件。

数字化连接能力全面提升基于移动终端的人与人连接，基于物联网的人与物、物与物连接，企业信息化系统的人与企业连接，日益便捷、低成本、高效率。

数字化运营能力飞速发展基于大数据、云平台、企业办公系统移动互联网化、客户接触、互动和交易的数字化等得到快速发展，使得企业数字化运营和数据资产的管理成为现实。相应的信息化产品和互联网化服务的价格也在急剧下降。通过自建或合作的方式与行业内优秀企业合作，可为创业企业提供高性价比的数字化运营服务。

总之，基于数字化运营，众创空间的人流、事流、物流、资金流，信息流和资金流可通过全景智慧解决方案实现数字化、合一化管理和运营。

数字化运营应用领域

根据数字化运营的目标和路径，架构设计以"二元"场景服务为核心，抓住创业企业线上和线下运营发展所需的关键服务，提供数字化、互联网化、智能化、全景化的支撑手段，目的是尽可能获取企业的数据。用数据作为连接创业场景服务与创业者、创业者与创业企业、创业企业之间以及创业企业与外部合作机构、创业企业与投资方的纽带。

一是通过数字化应用与积累搭建企业能力评估综合报告，定期为企业提供人力资源评估报告、运营健康度评估报告、财务健康度评估报告、综合竞争力评估报告及信用和融资评估报告。

二是建数据资产交换与交易平台、业务跨界组合运营平台、信用评级和融资管理平台。

构建线上生态圈

在中国，联合办公业务是舶来品，我们目前仅仅是这个模式的跟随者。自由经济国家按照社会化手段分配资源，一旦出现新技术，能够让资源配置最高效，就会在这个方向上产生一个新物种。互联网时代全球一体化、经济发展形态同步化，我们越来越跟国际接轨了。联合办公空间不仅能够提供办公场地，节省寻找办公室的精力和成本，而且还能提供包括注册、报税、财务等服务，提供法律援助、帮忙解决招聘人员、寻找投资，进行免费云存储等一个花钱买不着或者要买就要花数倍的代价才买得到的大服务包。

以阳光100场地为例，我们提供的社区服务主要分为几块：第一是基础的办公服务，要给所有入驻企业提供最基础的办公条件，包括水、电、空调等；第二是针对入驻的初创或小微企业，做资源对接及为企业提供一些辅导和建议，比如融资、人力、法务、推广宣传等，企业入驻后，会有专人跟进每家企业，了解企业的特性、业务范围和需求，根据优客工场内部企业特点给他们做资源对接，让企业间有更好的合作，甚至通过合作产生新的一个业务；第三是撮合交易和社交业务，通过线下社交活动，比如专业培训以及生活类服务，让他们在这个氛围下能够更快地认识并成为朋友。

传统意义上的场区管理，是指在线下由多人进行人工管理，由于其业务的复杂性，协同效率不是很高，而且不同团队面临的问题纷繁多样，难以及时高效地解决大部分问题，而且这种管理方式往往需要耗费大量的人力、物力等高价资源，需要很高的现实成本。

随着互联网时代的到来，将传统的线下管理与线上互联网平台结合，对每个场区实现线上的统一化管理、自动化管理显得尤为重要且迫在眉睫，即可以让社区经理以及社区运营人员通过互联网平台及时高效地管理场区内部、入驻其中的企业及员工。那么，如何与线下结合，建立线上互联网平台，从而对线下进行更高效的管理呢？

搭建线上租赁系统，加强线下管理能力、线下运营和线上管理

优客工场的线上租赁系统针对不同用户和会员的需求，建立了不同的租赁服务。如高级用户可以享受优客工场所有的工位、会议室及场地的租赁，而普通用户对于临时办公租赁需求更旺盛。优客工场可以满足用户进行跨时

第 7 章
共享技术和服务

段、跨地域、跨场区选择工位、会议室和场地，实现真正的联合办公！

工位

为满足入驻企业、用户快速入驻，并将用户、企业信息留存在系统中，提供用户便捷入驻及实时的用户、企业状态信息更新管理，同时通过线上系统的流程化业务降低线下运营、管理成本，优客工场开发了长租管理系统。优客工场的长租管理系统是酒店式的管理模式，客户经过招商之后，首先进行登记入驻，签订协议并与工位绑定，之后通过长租系统，按照合同协议自动生成首付款、押金等一系列费用。另外，长租系统会每日、每月自动结算金额，对于预订和退租等不同情况还能分门别类的进行自动化结算，而且每月还会定时自动通知催缴下个预结周期需要缴纳租金的企业及个人。这样，

阳光 100 优客工场的工位

凿开公司间的隔栅
共享时代的联合办公

通过优客工场的线上长租系统，就实现了一个线下运营与线上管理的完整高效的长租流程。

同时，为了提供更加灵活的工位租赁方式，让更多有联合办公需求、临时办公需求的客户更便捷地进入到联合办公的环境中，降低业务门槛，面向更广阔的目标用户，让更多的用户来到平台中，提升平台数据收集多样性，优客工场还提供了针对不同用户的按需租赁系统。此种租赁系统是和长租系统相对应的，是为了灵活地满足用户需求，如将工位按某一天、某一时段进行租赁，而且工位也可是流动非固定的。

会议室

首先，用户可根据自己的不同需求选择任意日期、任意时段、任意场地、任意会议室的线上预订。其次，用户预订完成之后，可以直接进行线上

陆家嘴优客工场会议室

支付，通过手机就可以随时随地地进行预订会议室。再者，预订成功后会通知用户，用户可以在自己的个人账户里查看已预订的会议室，并且系统还会智能地提前提醒用户已经预订的会议室。对会议室预订，非长租用户也可以预订。

场地

通过优客工场线上租赁平台，可以对线下的场地实现线上的预约。例如，当某个企业准备举办活动时，可以提前在线上进行预约，并在预约日期之前提前准备所需物品和资料。另外，通过对活动场地的提前预订，可以提前预演，对参与活动的人员进行线上的筛选管理，并在预约的日期进行接洽。

社区特色介绍

优客工场的每个场区各有其特色，有的处于繁华的市中心，有的处于风景优美的郊区。就北京来说，国贸地区是金融中心，在这里有阳光100·优客工场；FESCO地区外企比较多，在这里有FESCO·优客工场；中关村地区互联网行业发达，在这里有海龙大厦·优客工场，它像中关村区域一样自由开放；上海的陆家嘴是金融中心，在这里有陆家嘴·优客工场，它像陆家嘴区域一样严肃庄重。另外，有的场区如XPlus炫嘉中心·优客工场主要打造人文娱乐主题社区。

实际上，不同地域所带来的企业不同，用户人群不同，由此带来的需求也不同。优客工场线上平台通过对不同的场区进行介绍，展现不同场区特色

凿开公司间的隔栅
共享时代的联合办公

以及各种富有本场区特色的前后台、服务人员等。让用户可以直接通过线上平台和 App，随时随地足不出户就可以直观地看见每个场区的特色、场区内的各种办公环境、不同社区的管理团队人员、入驻的各种特色企业及各种各样的活动等。

另外，在线上平台，对于不同场区，服务商的展示、推荐以及为企业提供的服务也是不同的。而且，FESCO•优客工场线上平台针对不同社区，为其入驻的企业及员工贴上个性化的标签，对其推送的社区内容和资讯活动也是个性化的。

阳光 100•优客工场

第 7 章
共享技术和服务

空间的充分利用

场区的场地一般都是通过二次改造将不良土地资产改造为新型的联合办公空间，为创业者提供联合办公的环境以及提供各种服务和支持。实际上，就创业企业的办公和创业企业对于空间的要求来说，他们对于办公空间的需求有时不是固定的，是实时的。针对这些不同的需求，优客工场开发了线上租赁系统，来对空间进行更为有效的租赁，有针对长租需求的长租固定工位，也有针对短租需求的短租流动工位。与此同时，还为会员们提供了各种各样的会议室租赁，以上这些都可以在线上进行管理和预订。

FESCO・优客工场

凿开公司间的隔栅
共享时代的联合办公

诚信超市

另外，对于场区内一些位置较为不方便的地方，设置了诸如书吧、按摩椅、无人超市、咖啡吧、餐厅等生活休息区域，满足了场区内的企业人员除工作办公之外的一些生活需求。而以上的这些所有行为活动皆可通过线上App完成。例如，书吧内的书可以通过优客工场App扫描条形码之后借阅；按摩椅可以通过App线上支付5元即可享受半小时按摩服务；而无人超市，即无人看管，通过App线上支付即可拿走需要购买的物品；场区内各处摆放的打印机连接着线上服务系统，通过App即可实现打印资料或照片。

访客管理

访客的控制。对于传统意义上的访客管理，一般都是提前打电话预约，之后到现场进行登记，不仅需要大量的时间，也需要大量的人力资源。而在优客工场线上平台中，当企业或者访客直接在线上预约成功后，线上平台系统会直接告知各场区负责人预约的时间、地点、预约人以及预约人所在公司等一系列的信息。等到预约日期之时，前台可根据线上系统对访客进行确认，访客即可直接进入场区进行参观或者开会等活动。

访客的行为。对于访客的预约、访问等一系列行为，会在线上平台产生连续性行为数据，通过对线上平台的数据进行搜集整理，建立大数据平台系统，对数据进行挖掘和分析，就可以发现某些场区、某些行业的访客共性和特性，挖掘访客以及企业的用户需求，为其提供更好的服务。

其他支持

入驻优客工场的企业或员工可以通过线上的互联网平台，通过网站和手机 App 随时随地获取各种支持和服务。通过申请的这些支持和服务，会经由我们互联网平台及时有效地整理、归纳、分发给各个社区的负责人或者社区运营人员。并且系统会自动化、智能化地对用户需求进行紧急级别的分层处理，将固定的、高频的需求优先发送给社区负责人，以便其优先处理。针对不同场区的个性化需求，系统也会自动甄别和处理，并发送给线下运营管理人员，有效地减少了线下运营管理所需的时间和人力成本。

对于一些用户的专业化需求，优客工场也为其提供了个性化的支持服务功能，通过线上网站和 App 提交即可，如人力资源、财税会计、法律政策咨询、品牌宣传推广、投融资对接、IT 支持以及其他支持等。且这种支持不仅可以对接场内企业，还可以对接优客工场平台的服务商。

另外，优客工场的支持服务里还有一些增值部分，即不仅提供打扫清洁等基本卫生、电力、网络等服务，同时还为用户提供了一些额外的诸如通过线上购买即可享受 80s 咖啡送到你座位上的服务。

这样，通过互联网平台，就可以针对不同用户，及时有效地解决客户需求，为用户提供不同的支持服务，提供个性化的解决方案。通过在线上制定有规则的分类和支持，也有效地降低了人力成本和运营成本，提升了对线下场区的运营和管理的效率。

搭建线上服务交易平台，以增值服务为盈利做准备

优客工场作为众创空间的龙头企业，不仅提供硬件的联合办公场所，也致力于提供从商业生态构建到企业事务性工作的软性服务，着力搭建线上服务交易平台，这其中包括服务商平台、投融资平台、电商平台、活动平台和媒体服务平台等重要组成部分，从公司注册、行政、融资、招聘、媒体等各个方面全力帮助企业的发展。

搭建服务商平台

在优客工场的线上平台，可以获得全品类的商业服务，包括财务、广告、品牌策略、管理咨询、设计、保险、投资、法律服务、市场营销、公共关系、房地产、招聘、移动开发等，每一大类中根据行业属性，又可分为若干小类，每一服务类别中都有若干家服务供应商，点击进入后，即会获得供应商的服务介绍及联系方式。最为重要的是，平台中的服务商将为优客工场会员提供专属优惠。

联合办公空间的入驻企业以小微企业为主，由于这些企业处于发展的初期，公司体量小，在财务、人力、法律、行政等方面资源投入预算少，但这

些方面的需求又是企业刚需。这时候服务商平台的上线就为这些企业提供了及时的帮助。每家公司都期望能得到最好的服务，优质的服务商意味着高成本，单个的小微企业往往负担不了。在以往，这些企业只能被迫去寻找次级一点的服务。但如今，通过优客工场服务商平台，可以将优客工场内的数百家小微企业打包给服务商，服务商以优惠价格提供服务给这些企业。对于服务商而言，虽然是以较低的单价为这些企业提供服务，但是优客工场 16 个城市、3 000 家企业的市场吸引力是巨大的；对于优客工场的入驻企业而言，更是能实现用最低廉的价格得到最优质的服务。

在优客工场在线平台中，服务商和企业是可以相互转化的，专注于自身业务发展的入驻企业有可能孵化成为我们的服务商，而服务商也可以入驻优客工场场区。同时，通过服务商平台线上申请、审核、业务提交和服务打分，能够建立其服务商消费评价体系，这种体系类似于天猫和京东的消费评价体系，有利于对平台服务商质量的判断，并实现优胜劣汰，使服务商平台得到良性发展。

优客工场通过其服务商平台严格的审核与评价体系、快速反馈、放心交易以保证优质服务触手可及，高效解决企业发展所遇到的各类问题；同时，全国 16 个重点城市、200 多家服务商、3 000 多家企业的入驻正在形成企业级服务平台，构建全新商务社区。

凿开公司间的隔栅
共享时代的联合办公

搭建投融资平台

投融资环节是联合办公生态圈中比较特别、但又很重要的一个环节，联合办公空间中的创业型企业会对投融资服务有比较强烈的需求。通过联合办公线上投融资平台可以高效精准地实现投资人与创业者的对接。

优客工场投融资平台的特色是拥有企业线上提交 BP、投资人线上申请审核、线上路演等功能，能实现项目推荐和项目管理打破物理空间限制，跨时间、跨地域地集中服务场内＋场外用户，拓展市场及投融资渠道，可以帮助需要投融资的企业对接到合适的投资人、投资机构，也为投资人、投资机构找到合适的投资项目。

同时，优客工场投融资平台也使得项目线上迭代更为便捷，便于投资人实现定向关注，增加了平台的撮合性，实现真正的撮合交易。促进生态圈内的企业发展良性循环，同时将企业发展的相关数据存储下来，为企业数据分析经营提供基础。

搭建电商平台

完善的线上投融资体系使正在寻找创业项目的 VC、寻找客户的服务商与正在寻找发展资金、服务支持的创业团队产生连接，而这个连接点便是优客工场的电商平台。

优客工场的电商平台是实体商品、虚拟商品、服务等多业务线的线上交易平台，涵盖卖家平台、产品库、订单流程、退换货服务等一系列环节。平台将为社区内、平台内的用户提供平台独有的优惠商品，并建有积分商城，让线上会员可以通过网站、客户端享受到优惠的商品交易。优客工场电商平台跟传统的电商平台的不同之处将电商平台的 2C、2B 以及 2M 端相连接，因此，平台售卖的商品既有标品、服务，如人力服务、客服服务、云服务等，也有人、时间以及技能。通过线上线下交易相结合，实现 B2C、C2M 等多种模式的变现。

同时，优客工场的电商平台将对客户的交易信息、交易偏好、交易时段信息留存，并对商城卖家建立评价及信用体系。

搭建活动平台

活动平台是优客工场服务的一个重要展现渠道，优客工场的线上网络平台可以实现跨场区的活动发布、活动搜索、活动报名，以及活动管理，并能将活动信息分享到微信、微博等社交平台。

通过活动平台可以创建有联合办公空间背书的特色活动，不仅包括娱乐活动，在这里还可以创建更多有商业价值的例如培训、分享、促销等，可以为入驻企业、个人提供实质帮助的活动，并帮助场区内企业降低活动推广成本、打造品牌。例如，优客工场各场区联合打造的 Beer Day 活动，现在已经成为优客工场的一个品牌系列活动，在全国各个社区每周定期举行，产生了客观的品牌影响力。

凿开公司间的隔栅
共享时代的联合办公

Beer Day 活动

同时优客工场活动平台支持报名、购票功能，在以活动主题聚集人气、打通连接的同时，为平台带来更多用户数据以及交易流。

提供媒体服务

优客工场的服务体系的搭建还包括资讯频道、广告系统、社交媒体等多个环节，为用户全方位提供最有价值的增值服务。

优客工场资讯管理系统可以实现资讯的即时发送，使场区入驻企业洞悉业内最新动态，紧盯政府政策发布，把握时代动脉，抓住企业发展良机，同时也可以发布场区消息及企业消息，帮助场区消息传播和企业形象打造。

同时，优客工场还建立了完整的广告系统，平台社区广告、社区广告等按时按区域投放，投放后台可控制，广告平台也是收入的一部分。对外可以实现广告介入，对内可以实现广告投放。

社交媒体是优客工场媒体服务的重要环节，针对入驻企业和用户的需求，帮助其对接到相应的媒体服务商，提供专业的媒体包装，并且可以利用优客工场网络平台实现媒体传播文章首发，再通过平台的社交转发功能实现迅速传播，增加企业曝光机会。同时，媒体可以在优客工场的平台上实现资源互换，形成媒体联盟，实现多方共赢。

凿开公司间的隔栅
共享时代的联合办公

创建社交平台，挖掘社群潜力，实现共享价值

优客工场线上社交平台目的是将国内社会独有的社交壁垒通过线上社交的方式打破，打通联合办公空间内的找人、找企业通道，促进渠道共享、内容共享、产品共享、信息共享、人力共享等业务连接，实现内部资源的重构及再调配，在提升业务活跃度的同时，充分发挥联合办公空间的优势，有效支撑企业、个人用户解决实际问题。

社交标签促成撮合交易

优客工场线上社交平台对会员开放，社交平台中有诸多标签，如个人标签、企业标签、场地标签、活动标签、服务标签等。企业可以利用会员标签筛选会员专业技能，通过私信可以联系个人或企业感兴趣的会员，将他们的技能变成自己工作的助力，将他们的需求变成自己下一个事业增长点，比如入驻的某一家科技企业需要为新产品上线做新媒体推广，这时便可以通过优客工场社交平台寻找带有"新媒体""推广"标签的个人与企业，并与之发生联系促成交易，这种"撮合交易"实现了企业闲置资源的再利用和个人才能的充分发挥，达到了为企业赋能、使个人增值的双重目的。

社交分享实现共享价值

优客工场的注册会员可以在优客工场的社交平台的"社交动态"上任意寻求帮助、提出需求、分享技能。例如，某场区一餐饮品牌企业需要寻找一位擅长摄像及后期剪辑的人做一期节目，这个需求是暂时性而非长期的，该企业也没有招聘这类人才的预算，这时这家企业便可以在社交平台上发布公开人才需求消息，寻找场区有摄像及后期剪辑技能的自由工作者，而符合需求的人看到消息后便可与之联系达成合作，这种寻求与反馈所产生的价值，便是共享价值的生动体现。

社交网络搭建实现长期价值

通过良好的线上社区搭建，可以提高线下整个资源的利用效率和用户黏度。优客工场社交平台不仅可以促成社区内的撮合交易，实现社群共享价值，还可以通过引发话题，聚合内容产生价值；也可以为有共同兴趣的会员组建团体，使会员的互动由线上交流延伸到线下面对面沟通，由职场工作延伸到生活方方面面。更为重要的是，社交平台还能沉淀用户信息，积累用户行为数据，以此建立用户信用体系。在入驻企业孵化成功离开优客工场的物理空间后，依然能与平台中的企业或个人保持联系，实现长久的商业能力释放。

优客工场信息大数据服务支持平台是在"大众创业、万众创新"的全新科技浪潮中建设的互联网信息服务平台。该平台主要服务于联合办公空间，对空间中的企业客户成长历程中的相关数据进行收集、整理并输出，依据数据模型，为空间内的企业、个人以及社会中的企业提供更好的企业经营指导及服务、内容、交易对接。

平台针对"优客工场"提供服务支撑，管理联合办公空间、入驻企业、入驻会员等，并为其提供所需的社交、活动、服务、交易等线上功能。

行为分析

将用户的行为数据，诸如连续性行为等数据联合起来建立大数据系统，将用户不同阶段、不同时间、不同地点的数据相结合，建立 CRM 系统。对数据进行深度挖掘和分析，提供会员分布、发展趋势、消费能力、消费特征、评价等全方位的分析结果，分析用户行为，并对用户行为进行判断和预判，并从中挖掘出有价值的信息，为决策经营提供支撑。

CRM 系统与会员体系相结合，不仅可以对各种不同的会员进行有效区分，还可以满足不同会员的特殊需求，同每个会员建立联系，通过与会员体系的结合以及同会员的联系来了解不同用户的不同需求，并在此基础上进行"一对一"的个性化服务。另外，还可以通过数据挖掘找到用户新的需求，全面分析营销成果，掌握事前事后数据。对空间中的企业客户成长历程中的相关数据的收集、整理、输出，建立大数据系统，建立数据模型，描绘不同企业的特性和共性，绘出优客工场的"企业画像"。通过企业画像以及大数据平台，就可以针对企业在其成长的不同阶段，如融资前的种子期，融资后的发展期等，针对这些不同时期企业所遇到的不同困难和痛点，优客工场就可以为其提供所对应的不同服务，即精准化地解决客户需求，为空间内的企业、个人以及社会中的企业提供更好的经营指导和服务、内容、交易对接。

信用管理

通过建立信誉体系，客观地对服务商和企业进行评价、评分，对平台来说，会留下更多优质的数据沉淀。例如，通过对入驻企业是否有过租赁、消费等数据行为的判断，建立其企业的信誉体系，对接到优客工场的服务商。同样，不仅是对企业，对服务商也可以同样建立信誉体系，评价出优质的服务商，将优质的服务商打包提供给企业选择。这样，通过信誉体系，对服务商和企业来说，就可以在双向选择的交易环境下，有一个客观的评判标准来进行选择和取舍。如果某一企业在优客工场的大数据系统里信誉不好，那对其提供服务时就要慎重，甚至可以拒绝提供某些服务。另外，如果某个服务商在线上的大数据系统里的信誉评价结果是良好或是优秀的，那它被推荐给企业的概率就远远大于其他服务商。

通过大数据平台，对企业以及服务商的行为数据进行分析评价，建立各自不同的信誉体系，不仅可以给企业和服务商提供一个双向的、客观的评价标准供双方进行选择和取舍，还可以促进良性循环，即"良币驱逐劣币"，让优客工场的服务商以及企业的质量越来越优质。

进行行业分析

通过大数据系统平台的搭建，对入驻企业所在行业的共性进行研究，对新兴行业以及区域行业进行预判，分析行业情况，从而为不同行业的入驻企业提供更为精准的咨询等服务。

*行业共性研究。*优客工场的场区虽然各有特色，但是也有共性——都是联合办公空间，其目的都是为了服务企业。企业规模虽大大小小，业务和产品形态等各有特色，但它们却可以被划分为不同的行业，行业内的不同企业在某些问题上都是有共性的。通过对大数据系统内不同企业所在的不同行业

凿开公司间的隔栅
共享时代的联合办公

以及相关数据进行分析，可以研究出行业内部的相关性、一个行业内企业的共性，并且针对这个行业内企业普遍的痛点和困难，优客工场大数据系统可以对接线上服务系统，为这些企业按需解决困难。

新兴行业的预判。优客工场大数据平台不仅可以对行业的共性进行研究，还可以通过搜集到的用户的一系列行为数据、国民经济数据、国家大数据等一系列的数据进行联合，实现新兴行业的预判。例如，在某一阶段，通过优客工场大数据系统发现，VR创业企业数量增多，VR从业人员数量激增，说明现阶段VR行业热度越来越高，且这种趋势短期内不会降低。通过这些发现，优客工场就可以将针对VR行业提供服务的服务商打包出来提供给VR行业的企业，为VR行业的企业推荐和提供有特色的新兴科技场区入驻权利等一系列服务。

区域行业的预判。优客工场大数据平台不仅可以对新兴行业进行预判，还可以对区域行业进行预判。在某些区域，其区域本身所带的特性是与行业息息相关的。例如，上海的陆家嘴是金融中心，全上海市甚至全国的金融公司大多分布在那里，在这里也有优客工场的场区——陆家嘴·优客工场。若通过对大数据的研究，发现金融区域场区内大部分的金融企业员工进行频繁的加班，且同时发现金融行业在频繁大量地进行交易，就可以联系实际进一步对金融行业的前景做出预判。再者，若场区内的某一行业的大多数企业员工频繁跳槽，就有可能说明此行业现阶段处于低谷。当然，具体还要依靠大数据以及各种现实情况进行综合判断，这一切的分析与判断都离不开优客工场的大数据平台。

搭建会员体系

会员体系的搭建是线上平台的核心，与服务商体系结合就基本完成了对优客工场的线上平台的搭建。会员体系的建立可以针对长租会员和非长租会员提供不同的服务，通过建立会员体系，优客工场除了跟企业保持线下的租赁关系，还可以与企业建立一种线上的服务关系，不仅实现了线下收入，还得到了线上收入。

建立会员体系的主要目的是为了让更多的企业或创客进入联合办公空间的场区。此种"进入"并非简单意义上的进入物理性质上的场区，而是指进入一种物理空间和线上平台共存且相互结合、相互依赖的场区。对于线上场区的建立，其主要目的是为了将更多的人群吸引到线下场区，"引导"他们进入线下的场区。举个例子，就像一个超市的 App 通过线上平台给顾客发送优惠折扣信息，引导他们进入线下的实体超市进行购物一样。

用户的成长对于会员体系也是有重要意义的。通过对会员的消费行为、信誉等级、关注的行业等一系列的大数据进行分析，制定会员成长等级体系。通过建立会员成长等级体系，设置会员等级，用户的成长可以伴随着会员等级的提升，并且随着会员等级的提升，用户在成长的同时，其所能享受的服务也是在增多并越来越优质的。这就像超市会员积分卡，消费越多，积分越多，会员等级越高，就能享受更多的优惠。

优客工场的线上服务和线下服务是相互结合且密不可分的，对于不同等级的会员来说，其享有的线上以及线下的服务都是不一样的。在不同的会员体系下，其会员所享受到的服务范围和服务质量也是不一样的，通过制定不同的会员体系，可以对服务商等优质资源进行合理的配置，提高利用率，减少资源浪费，达到效益最大化。

优客工场的会员体系有两种：一种是个人的会员体系，一种是企业的会员体系。优客工场会员体系服务的对象不仅是企业，也包括了企业里的"人"。针对企业和个人，分别制定不同的会员体系，提供不同的服务需求。提供个性化服务，可以让企业和个人按需购买和享受不同的服务，提高了资源利用率的同时也提升了效益。

会员体系不仅有会员等级、会员成长、享受服务，会员还可以在优客工场进行消费，在线上平台进行社交，与好友进行互动，实现会员的共同成长。可以说，优客工场的会员并不单单只能在线下租赁工位，还可以购买物品，享受各类优质服务，进行社交互动等一系列行为。

第 8 章

共享人才

各类智库的统计数据都显示,共享经济正在成为影响全球发展的互联网新力量,而中国很快就会成为这一新力量中的翘楚。

在农业时代,土地是最重要的资源,谁掌握土地,谁决定分配;到了工业时代,资本是最重要的资源,谁有资本,谁决定分配;那么,互联网时代什么资源最重要?显然是人才。翻看最近 20 年世界上最成功的企业,如谷歌、Facebook、苹果、微软、阿里巴巴、小米无一不是因为有了优秀人才而成功的。

今天,一切资源都是以人才为中心来组织的,谁拥有优秀的团队,谁就可以提供优秀的产品或服务。当人才成为这个时代最重要的资源时,如何用好人才,让人才充分发挥价值就成为最重要、最急切需要面对和解决的问题。共享经济的最伟大贡献是让专业人才的知识盈余有了变现和实现更多价值的可能。

用好专业人才的知识盈余

就创业者而言，硬件资源是创业成功的基础，专业成熟的运营、策划队伍则是企业生存、发展的关键。随着科技进步，移动通信设备、互联网的日益普及也为其出现和发展提供了基本条件。

同样，要想打造具有影响力的众创空间，就要针对创业者不同发展阶段形成三级孵化器、加速器等差异化产品，配以法务、财务、人力、投融资、云平台、医疗、项目资源、产品销售、共享式前台、会议室、开放讨论区、私密电话间、网络、政府政策对接等服务项目，让创新创业者得以专注于创新与发展，为创业企业的快速成长提供全生命周期"触手可及"的保驾护航。同时，有影响力的众创空间还有整合成功企业家、行业联盟、政府机构、高校资源等的能力，打造国内最具影响力的创业导师团，为创业者提供全方位的创业实战指导。

在优客工场的顶级硬件环境里，创业者们在资金、人才、技术、客户资源、营销渠道、平台等方面的"软"需求，通过高端人才、外脑、智库共享的模式得到了满足，可谓是软硬兼备。

"跑哪儿"是一家基于互联网技术开展国际、国内跑步+旅游的跨界融合的产品服务平台，是优客工场入驻的第一批企业。在创始人田同生眼里，"跑哪儿"入驻优客工场真是"物超所值"。下面就是"跑哪儿"创造人田同生的心里话：

第8章
共享人才

我一直在创业，规模虽然不大但收益不错，工作也不是很繁重。如果延续以前的事情，扩大规模租写字楼对我来说不可能。优客工场给我们提供了一个契机，这里不仅能够提供办公场所，在空间上让我不必有太大负担，而且还能扩大我的生意。

初尝"共享人"体验

在优客工场，我们不仅在品牌上受益良多，而且在人才方面也得到了良好的助益。以前创业是单打独斗，现在创业需要寻找合作伙伴。优客工场不仅价格相对便宜，还能给我们助力和胆量，其本身能够吸引优秀人才加入。

创业刚开始时，我首先不清楚是否需要律师；其次，如果需要的话，到哪去找靠谱的律师；此外，我还担心万一我把商业模式都告诉了他，他明天就把我的商业模式告诉了同业竞争者，我不就惨了吗？还记得我们开始找律师的时候，这里还没有装修好，我们在楼上一间特别小的屋子里，连办公桌都没有，我和优客工场的首席何大律师就站在那里说话。我们在那里谈公司估值、融资，律师帮我审核了很多东西。那次融资幸好没成，否则我们都走不到现在。为什么？现在看，那时探讨的合作里面有一堆陷阱。那家公司属于传统合作模式，跟我们的商业模式不一样，投资公司的人说如果我们创业不成功的话，要以每年13%的利息还他们钱。这其实就是一种变相的高利贷。

优客工场的首席财务官也教会了我们不少。我们曾经自认为已经把商业模式梳理清楚了，可是当我们跟优客工场首席财务官杨进聊了之后，他觉得商业模式不成立。他还找来一个人为我们辅导，但是我们和辅导的人互相听不懂，因为语境不一样。后来我们就翻译了一个他们听得懂的商业模式。这件事给我的触动很大，创业者特别容易被自己的情怀束缚，却不知道别人如何看待自己，首席财务官帮我们从投资人的角度梳理了一下路径。

"共享人"需要新认知体系

优客工场是个大生态圈，我在这个生态圈里住着，就能从树上获取营养，从藤条里面获取知识。每天各种聊天信息都会对我产生作用，有的让我振奋，有的给我助力。想对接优客工场的服务，你需要有一套新的认知体系，这是我跟我的团队慢慢悟出来的。比如优客工场除了服务、品牌、生态等，还有周围的友邻。俗话说远亲不如近邻，好邻居太重要了。2015年融资之前我们定位做跑步的社群，我们现在的定位是做跑步的平台，平台是要举办跑步赛事的。做平台我们得有开发团队，但是你需要招多少人，招来之后能否满负荷工作？优客工场有近30人的开发团队，他们总有空闲的时候。如果我能利用好优客工场的这个团队，就能节约很多成本。如果我把公司当成优客工场的一个分支，上面那些部门都是我们集团的资源，这就能够达到资源配置最优，也符合共享经济的本质。当然这个过程中要做好利益分配的相关工作，签定合同，明确各自做什么。

这比到外面招人好在哪呢？第一是因为我们在同一个屋檐下，找他们工作方便、快捷；第二是我们都熟悉了，沟通成本比较低；第三是信任，优

第 8 章
共享人才

客工场的程序员签有保密合同，跟我们也有合同，有义务保守我们的商业秘密。优客工场可以监控程序员的可信任度，我们是它的合作伙伴，它的员工、团队和我们公司的是一样的。人和人之间最麻烦的就是沟通与信任，如果我不需要在这上花太大力气，那么我在产品研发上就可以往前走一大步了。因为所用次数不多，我们不可能一年花好几十万请一个专门的首席技术官。而优客工场的首席技术官可以跟我们一起出差，帮我们谈判。

从"跑哪儿"的案例中我们可以看出，除了技术、服务外，对于小微创业企业来说，人才的共享才是更让人激动的，也是真正"物超所值"的地方。

跑哪儿

优客互融开启"共享人"时代

优步共享车，Airbnb 共享居住空间，优客工场共享办公空间。2016 年 2 月 18 日，优客工场（北京）创业投资有限公司与北京互融金合科技有限责任公司宣布成立合资公司优客互融，开启"共享人"的时代。

优客互融是基于共享思维而出现的，为创业企业提供各方面的高端人才团队共享。优客互融拥有雄厚的经济基础和专业的高端人才，因此，不但可以为创业者提供最好的硬件环境，而且可以提供软的外脑和智库服务。

在创业型企业中，一个普遍的"软"问题就是经验不足，策划团队不够专业，在企业发展和决策过程中各样的短板制约着企业的健康发展。

通过引进外脑资源，打破企业自身的思维定式，消除企业在生产、管理、销售、服务、研发等各个领域的职业盲区，可以为企业的发展提供新观念、新知识、新信息、新思路、新方法、新策略等。

通过汇聚众智解决实际工作中的难题，变"领导思考＋员工思考"为"领导思考＋员工思考＋外脑思考"。领导和员工是固定常数，而外脑资源是无限变量，建立外脑智库的计划将大大增强企业的智能优势，从而在企业机制上创造一个与众不同的新智能亮点，这将有效提高企业发现问题和解决问题的能力，在市场竞争中犯更少的错误，创造更多的机会。

企业引进外脑，不仅可以借助外部智力提升企业的智能水平，而且也可以整合外脑所拥有的人力、物力、社会关系等，通过项目制或联合制的方式扩大企业的经营平台界面，这种"只求所用"而"不求所有"的柔性经营方式，可以最大限度地扩大企业的"虚拟资源"，弥补企业经营中的短板。

一条龙服务加速企业发展

优客互融的创投孵化是一条龙服务，自身拥有强大的经验、人脉和专业团队优势，全方位地为企业提供从战略规划到业务流程优化、产品、视觉设计、技术开发、运营、营销、渠道、对外合作、品牌、公关、法律、财务、风投融资指导的全程创业辅导服务，与创业团队一起工作、成长。

优客互融挑选合适的种子期项目进行合作，在合作过程中，项目缺少什么，缺少哪方面的团队，优客互融通过提供管理团队的服务和其他帮助，获得目标公司的相应股权。

多渠道融资保障企业持续

帮助企业有效融资是优客互融的任务之一，合作项目开展6到9个月以后，优客互融将根据合作项目的效果拓展相应的融资渠道。对于发展前景好的合作项目，有以下三种可能的融资方式。

1. *优客互融自己投资下一轮。*

2. 介绍知名风投投资。

3. 知名风投领投，优客互融跟投。

效果一般的项目也可持续运营，等待更好的融资机会。

共享经济为现代企业的发展提供了前所未有的平台与便利。"外脑"和"智库"是现代经济分工合作的产物，优客互融在共享思维下应运而生，为创业企业提供支持，增强"软"实力。

王冠上的明珠：财务顾问服务

作为联合办公空间服务生态中最受瞩目同时也是创业者万分期待的一项服务——财务顾问服务（Financial Advisor，FA），可谓王冠上一颗璀璨的明珠。

FA服务是指专业财务咨询公司根据客户的自身需求，站在客户的角度，利用公司的产品和服务及其他社会资源，为客户的日常经营管理、财务管理和对外资本运作等经济活动进行财务策划和方案设计等。根据双方约定的FA服务范围和服务方式，担任企业的财务顾问并为企业直接提供日常咨询服务和专项顾问服务的有偿顾问金融服务。正所谓"欲戴皇冠，必承其重"，FA服务以其天然的业务特点及属性与联合办公的生态完美结合，在联合办公的生态模式中扮演着举足轻重的角色。

第 8 章
共享人才

凭借着物理场地的广度、服务板块的宽度以及运营层面的深度，新兴的办公生态正以疯狂的速度吸引着越来越多的企业参与其中，但在企业正常的发展运营及成长过程中，企业的发展方向及成长速度除了要靠创始人出色的领导能力以及团队高效的执行能力之外，专业的 FA 公司也对一家公司自身业务的成败以及公司发展的高度起着决定性因素。

专业的 FA 公司会对企业日常的财务状况、业务模式以及未来的发展方向给出专业的第三方建议，而不仅仅只是为企业在某一阶段的融资需求提供金融资源对接服务。因此 FA 服务是否可以真正给予企业实质性帮助，往往决定于其是否可以扮演好 FA 服务中 A（Advisor）的角色，而专业的 FA 公司要对所服务企业所在行业、上下游行业以及该行业发展趋势等领域有着深入的研究和精准的判断。要做好专业的 FA 服务，需要 FA 公司做好以下三个方面。

1. 拥有专业的行业分析师资源储备。
2. 拥有深耕某一个或某几个行业所储备的行业资源。
3. 对行业的发展趋势及行业周期具有独到的见解和精准的预判。

拥有专业的行业分析师资源储备

在我国的金融体系中，行业分析师的角色往往是最容易被忽视的，他们在一个交易中所贡献的成绩也往往容易被掩没。然而正如同摩天大楼富丽堂皇外表，离不开固若金汤的地基，行业分析师之于财务顾问公司，也是不可或缺。其专业的行业研究报告，对二级市场相关行业的分析和判断，它既为企业的领导者提供决策信息，又为潜在的投资人提供理论依据。这些无形的资产使得企业与 FA 公司的合作变得更加紧密，同时也极大地提高了 FA 公司为企业融资的效率和准确率。

拥有深耕行业所储备的行业资源

真正专业的 FA 公司，绝不会是精通全产业的金融机构，而只是在某一个或者某几个行业、领域处于领先地位。这取决于创始人及核心团队在该行业或领域内深耕多年所储备的行业资源与专业背景。专业有效的 FA 服务既是专业的行业咨询服务，也是行业内资源整合的高效服务。FA 团队既要了解服务企业的基本诉求，同时也要对企业提出专业化的建议与解决方案，这就要求 FA 团队要对所服务企业的行业有深入的理解和高效的资源整合能力，行业的理解取决于 FA 团队核心成员的从业背景以及分析师团队出色的行业分析能力；而资源整合能力取决于 FA 团队对该行业核心资源的掌握情况。

对行业发展具有独到见解和精准预判

专业的分析师团队以及深耕的行业资源，决定了 FA 团队是否可以提供专业的财务顾问服务。而决定 FA 公司未来发展方向和是否可以为企业持续提供专业性财务顾问业务的能力，则来自于对行业发展趋势及行业周期的精准判断。由于该项技能的专业性只会在未来的某一时刻才会得以证实，很多企业考虑更多的是眼前的需求和现实的业务发展需要，但实际上短期业务的波动会误导企业家对公司未来发展方向和行业周期产生虚假的判断，这时专业的 FA 团队会结合分析师的专业分析以及对行业资源整体情况的把握给出最专业的判断。专业的 FA 团队可以帮助企业在发展的过程中及时避开潜在的坑，使得企业时刻保持对行业和大环境清晰的判断和冷静的思考。

综上所述，专业的财务顾问公司就如同企业家的外脑，可以使企业家在开疆拓土的同时不固步自封，始终对外界环境保持清晰准确的认识，使得企业长久处于正确的轨道上，在残酷的行业竞争中立于不败之地。

联合办公空间的出现和高速发展，为企业获取专业 FA 公司的服务提供了便利条件，本就相伴相依的两个独立个体间，在同一个空间下最完美地结合在一起。联合办公空间里的 FA 服务，让企业可以将更多的时间用于企业自身业务的发展和自身体量的壮大上面，从而减少了企业在寻找专业 FA 团队上花费不必要的沟通成本和交通成本。联合办公空间的出现，改变了传统 FA 公司服务企业的方式。联合办公空间里所蕴含的潜力和机会，FA 团队只是其中价值体现之一。

路演

在联合办公生态中，财务顾问服务可以帮助企业更好地梳理发展思路，有效地对接金融资本。路演的活动则是将资本与企业紧密连接的纽带。

路演的表现形式多种多样。一次完整的路演是由活动发起方 + 活动形态

凿开公司间的隔栅
共享时代的联合办公

共同组成的，活动的发起主体包括场地方、FA 公司、投资机构；活动形态分为封闭式路演和开放式路演两类。

场地提供方组织的路演所选定的项目一般都会是联合办公场地内的入驻企业，通过活动的平台为企业提供一个展示自我的舞台；而对于项目的筛选与辅导，则通常是由联合办公场地内的 FA 服务机构来完成的。

FA 公司主导的路演所选定的项目一定是 FA 公司已经签署 FA 协议的企业，这类 FA 公司通常都不是联合办公体系内的组成部分，不过这类 FA 公司组织的活动也会吸引大量企业的持续关注，这也是 FA 公司对企业包装后的一次集中展示。

路演

投资机构发起的路演通常要么是为了自己选择优质项目，但这类投资机构通常为知名机构，而且对项目和活动的标准要求较高，要么是为了给已投企业寻找下一轮资金的机会。

通常情况下，封闭式的路演活动，主办方会定向邀请投资机构参与，项目标准要求较高，对参与投资机构的标准也相应较高；开放式的路演活动主办方会将活动内容公开，市场上对该领域项目有兴趣的机构、媒体和个人都可以参与其中，对于企业的曝光帮助很大，同时给了企业见到更多投资机构的机会。在此类活动中，优质项目通常会得到投资机构的围抢，这对企业的议价能力很有帮助。不同的FA公司会根据所服务企业的不同，为企业量身制定适合企业的路演机会。

优客工场的财务顾问服务

北京优博恒深投资管理有限公司，以其独具特色的FA+基金投资平台模式为优客工场入驻企业提供全方位的金融投融资服务。优博恒深的建立，使得优客工场从根本上完成了从优秀项目发现、协同投资布局、项目成长加速、投资价值提升、资本市场对接的完整的金融加速服务闭环体系。

为入驻企业对接投融资资源服务以及定期举办路演等活动，在大量整合优客工场投融资直通车平台资源的同时，为入驻企业及优质项目提供大量的路演及展示机会，极大地拓宽了中小企业的融资路径，为中小企业的发展提供加速度。与此同时，优博恒深快速布局股权投资基金，专注于医疗健康、硬科技、体育、泛文化以及与优客工场有协同效应的领域及项目，通过股权合作的方式重点布局有成长性的企业，在帮助企业高速发展的同时逐步打造多元化的生态服务体系。

同时，可向场内外企业提供的 FA 服务除了对接投融资资源以外，还包括菜单式金融服务——企业规划发展战略、商业模式优化、股权结构梳理优化、财务管理体系优化、业务建模及估值评价、私募股权融资服务、金融资源对接服务、新三板上市服务、并购与重组服务以及品牌梳理及市场媒体推广等企业级定制服务。

我们从"跑哪儿"的案例中不难看出，不仅财务顾问服务是入驻优客工场的小微企业的迫切需求，研发、技术、法律、人力资源、媒介传播等服务对于生态内的企业同样不可或缺。优客工场正走在不断完善各种服务需求的路上。

在优客工场的商业模式中，除了把联合办公空间变成一个资源搭载平台和流量变现平台，培训和辅导、投资和孵化也是其中的重要组成部分。优客工场目前已经孵化了很多和人才共享有关的项目，包括传播公司、人力资源公司等。社群时代，网络越大，价值越大，优客工场发展的过程就是一个不断织网的过程。

第 9 章

构建同一屋檐下的社群经济

国内这两年谈论比较多的是共享经济，但是英国伦敦考察给我很大启发，他们已经不谈论共享经济了，他们谈社群经济。

社群生态的商业逻辑

优客工场持续搭建社群生态，通过社群带来的高势能产生负成本连接，连接赋予空间价值的势能。优客工场一直致力于打造社群生态的商业逻辑线条是人格化品牌、孵化小众社群、内容爆发产品引爆、制造流行文化、定义生活方式。

我们认为，传统企业陷入生存困境的三个根源是用户无感、竞争无度和品牌无格。用户无感是指用户无感知、无信任、无好感。竞争无度是指在风险投资或资本市场的助推下，消灭同行业对手，价格成为最简单和最具杀伤性的武器，导致绝大多数企业在成本居高不下的情况下亏损连连、透支生命。品牌无格是指品牌缺乏人格化的表达。品牌需要精神内核，即一种核心价值主张。绝大多数企业不具备品牌人格化表达的能力，因而不具备真正的

凿开公司间的隔栅
共享时代的联合办公

精神内核，也无法将品牌的精神标签赋予用户，无法驱动用户进行口碑传播和信任背书。

精神商业存在三大天条是存在感、创造力和幸福感。精神商业用户的六种细分精神需求，分别是安全感、重要感、新鲜感、成长感、连接感和贡献感。安全感和重要感派生于存在感，新鲜感和成长感派生于创造力，连接感和贡献感派生于幸福感。用户的这六种细分精神需求是同时存在的，是需要同步被满足。用户被满足的程度越高，就会越被企业的核心价值观，即企业品牌 IP 的精神内核所感染。当 IP 被贴上品牌的精神标签后，打造成一个精神联合体，将成为真正的用户社群，形成类似护城河式的深度用户关系。

优客工场的入驻企业首先看中的不是优质区域的高端写字楼，也不是我们性价比已经很高的每一张桌子，也不是我们在办公区内提供的人性化的优质服务，客户最看中的是优客工场和共享际最核心的价值，即通过社群生态衍生出的关联产品的价值转移。客户付给我们的每一块钱中，至少有超过一半是用来购买我们的超级 IP 所带来的负成本连接价值的。优客工场未来就是要借助场区的社群生态，以模拟、共享和自由的精神，孵化出一个赋予精神内核的商业社群。

光合旅程是一家为自由行的旅行者提供本地人文体验推荐的企业，2016 年 5 月份入驻优客工场，其创始人兼 CEO 耿凯天认为：

我们看中优客工场的环境和联合办公的氛围以及对入驻企业提供的支

第 9 章
构建同一屋檐下的社群经济

持。优客工场的环境和我们的目标客户在同一个层次上,比较搭。优客工场对我们来说是一个品牌背书。

社群方面,优客工场不仅从执行思路上提供一些帮助,更多的是合作上帮我们去促进、开拓。优客工场主导生态、提倡跨界,在我们的传统思维

光合旅程活动

里,我们可能更多和出境游这个领域的企业合作,但是这边可能更倡导我们和跑步、唱歌的、做传媒的去跨界合作。我觉得关于内部跨界合作这块其实可以产品化的。

凿开公司间的隔栅
共享时代的联合办公

有趣的体验
Unique Activities

当地文化
Local Culture

甜味东京
Sweet Tokyo

第9章
构建同一屋檐下的社群经济

联合办公所营造的大家一起创业的氛围比较好,尤其是在创业环境不太理想的情况下,你能看到身边有这么一群人,虽然来自不同的领域,但是彼此的方向、价值观是一致的。跟他们一起探讨,很有可能就会碰撞出跨界火花;甚至你看到身边的人在努力,受到感染的同时也会迸发出一些灵感来。

优客工场所提供的输送人才、跨界合作、场地支持等,只是一方面。另一方面,我觉得还取决于入驻企业自己,你要自己去发掘,学会在这个生态里运转起来,这样才有机会。入驻者要真正体会到联合办公倡导的理念,是需要有一定的基本素质和很好的协调工作能力的。

以前我创业的时候,在创业大街、咖啡馆讨论商业模式,但是后来发现那里的信息价值没有那么大,就想自己找办公室。但是在办公室待久了,灵感、想法会逐渐枯竭。来到联合办公空间里,我发现在这里的企业大多已经脱离了最早期的创业阶段,创业者也不是第一次创业,还有很多创业者是从大集团出来的,甚至是连续创业者,跟他们交流可能会更有价值。

精神为王时代,用户至上,获取用户很重要,但是怎么获取用户,怎么让用户尊敬我们、信任我们,我觉得最重要的就是要靠做体验,带有精神意识的体验。体验简单来说,首先要满足以下两个要求。

第一,体验一定要可被感知。比如,过去有很多公司在营销时很会忽悠人,主要就说产品的卖点,但是卖点在过去管用,因为广告存在的基础是信息不对称，你可以在电视上打广告，说自己的产品就是好。但是当用户把你的产品买回家以后，好不好就是"谁用谁知道"的事情了，这个很难靠广告改变。所以，体验必须要靠真的把产品做好，用户用起来才能感觉到。

第二，体验一定要超出预期，这一点特别重要。现在是一个选择过剩的年代，产品同质化特别严重。过去我们卖的是功能和价值，但今天卖的是一种超越用户预期的能力。举一个最简单的例子，海底捞的口碑很好，但这并不是因为食客吃了一次火锅，就告诉其他人说这个火锅好吃，而是因为它提供了很多超出预期的服务。尽管一个用户以合理的价格买了一件商品，用了之后觉得还可以，但没有超出预期，这时候他不太可能逢人就说这个商品好。但是，当很多人第一次看到苹果手机时，发现里面加了一个重力传感器，拿着手机摇来摇去，画面就会发生变化，且两个手指头可以操控翻页。这些功能在当时诺基亚手机上肯定是没有的，这一体验就是超越了预期。有了这些超出预期的震撼，用户就会愿意到处跟别人说这个产品如何好，并且跟这家厂商建立一种商业之外的情感连接。

在我看来，传统企业要想转型，拥抱互联网，首先需要转变观念。而第一个需要转变的就是把客户概念变成用户概念。当然，这里面的区别可不仅仅是付不付钱这么简单。传统行业虽然产品业务很复杂，但是商业模式很简单！无论多么复杂多变的业态、多么眼花缭乱的组织结构，最后都要归结到一点，那就是要把产品卖出去。而卖的对象不管是张三还是李四，谁掏钱谁就是客户，谁就是衣食父母。如果企业心中只有客户的概念，那么就很难转型成为互联网公司。因为很多企业和客户之间都是单次交易行为，没有情感，没有交互，没有对彼此的影响和信任。这种关系，显然并不符合互联网企业对用户的期待。

到底什么是用户，用户和客户有什么区别，这都是大家经常讨论的问题。在我看来，用户需要满足以下三个特征：第一，用户不见得向你掏钱；第二，用户要经常性地用你的服务或产品；第三，用户要和企业之间有连接、有交互。这既是用户的特征，也是用户区别于客户的地方，所以我们经常说"做客户容易，做用户难"。离用户越近、与用户黏度越高的厂商越有价值。我们去书店买书，会关心这本书的作者是谁、主要内容是什么，但不会关心这本书是在哪里印刷的，也不会关心印刷的纸是来自南美雨林的哪一块木头。所以，造纸厂的老板可能会非常不服气——没有我们的纸，没有印刷厂工人的劳动，书出不来！道理确实如此，但从整个价值链的角度来看，纸和印刷恰恰属于价值链的末端，它们可以被替代，所以造纸厂和印刷厂永远只能拿最微薄的那一部分利润。同样的道理，用户至上不是一句空话。有了用户之后，就可以产生连接，就可以产生大数据，就可以有后续的商业模式和利润。可以说，用户才是王牌，有了这张王牌，那么手里的其他牌可以说怎么打怎么有理。

什么是精神商业？如何建立精神商业模式？众所周知，远在没有互联网的时代，早就有一种东西建立了无比强大的社群连接，跨越种族、跨越文化、跨越地域，那就是宗教。今天，互联网改变了人类的连接关系，成为人类有史以来最大的颠覆力量，未来如何，难以想象。这是一个特殊的存在，但万事万物都必有其规律和规则可循。互联网自诞生之日起不仅生存下来，而且颠覆了很多传统企业，昭示出了巨大的力量，这其中必然也有其自己独特的规则。在这方面，传统企业必须有这个认知，也必须在看到危机的同时找到转型和连接的机会。

优客工场实际上是一种通过平台聚合的联合办公空间，加上创业加速或者小企业加速的大量服务因素，这是通过互联网来完成的，再加上一些垂直化的延伸附加服务业务，如培训、推广、投资等，我们把它寓意为负能型的业务，构成一个新型的办公生态。

我们一直在强调优客工场的互联网属性，并打造自己的互联网平台。在这个平台上，自媒体系统、社交系统、服务系统、会员系统、预订系统、商业撮合系统都将成为把遍布全国各地的优客工场内的人们连接起来的重要的连接器。除了对传统写字楼的改造之外，我们还在尝试对传统的购物中心进行改造，今天，在北京、天津、杭州、武汉等中国一二线大城市，优客工场已经和很多购物中心达成了合作，很快，购物中心将不再只是购物、就餐、看电影的场所，它将增加一个新的功能——联合办公。你在购物后、看完一场电影后、完成一场约会后，不需要转换空间就可以开始办公，这些都是融合在同一个空间里的。

联合办公领域的商业逻辑是产品即场景、分享即获取、跨界即链接、流行即流量。在这个内容复兴和人格消费的时代，我们希望联合办公、联合居住的功能可以无限释放，最终将社会生态中的人紧密组织在一起，变成一个大型的联合社区。

用共享经济输出人性的温暖

这个时代因为有了移动互联网,我们所有人的身份切换、位置移动也变得更加灵活,共享经济已经成为这个时代的主旋律。

我最近和一个"90后"的小朋友聊天时问他,你一天中用来看手机的时间有多久?他说睡觉以外的大多数时间都在看手机,他眼里看到的人都在屏幕里,这就是今天的社会。我们可能在享受高科技盛宴的同时,也丢失了很多朴素的东西,温暖是其中之一。这个温暖指的是人性的温暖,人与人之间的社群温暖。

我小时候住在大院儿里,所有的快乐都是建立在大院儿里的社群关系之上的。经济的发展、社会的进步让我们突然之间对身边的一切感觉那么陌生,豪宅是封闭的、没有温度的,而这个社会最需要唤醒的,正是人格消费为基础的一些温暖。社群是温暖的来源。

以下是天行九州集团总裁马寅在2016年9月全球INS大会上的精彩演讲片版。

创造度假地产价值的关键是温暖社群,互联网世界可以连接一切、整合一切,但唯独替代和解决不了的是对爱的需求与渴望。

凿开公司间的隔栅
共享时代的联合办公

在地产圈，阿那亚社群方面的工作做得还算不错。我们自己有五六十个社群，每个社群活跃度都非常高。从2015年到2016年，我们90%的房子是通过社群、通过老客户向新客户推荐售出的。商家关注社群大都关注其如何转化，却很少去关注社群真正的价值和意义。

我一直强调，解决人的安全感和归属感问题是构建社群的最终极目标。我国在20世纪八九十年代之后，不少的企业消失了，很多员工彻底成为个体户和下岗工人，这是导致安全感和归属感缺失的重要原因之一。虽然现在的生活水平有了很大的提高，但是还有那么多的人有孤独感。过去很多组织或称为圈子，并以经济利益作为核心价值，有经济利益大家就愿意在这儿待着，没有利益，可能就不愿意了。所以社群首先要解决安全感和归属感的问题。

第二个要解决的问题是，把每个人都变成群主。社群成员非常活跃的才是好社群，人人都愿意为社群的建设贡献自己的一份力量，因此参与感非常重要。一个小社群其实像一个小团队或者小社会，只有每个人都觉得自己是很重要的参与者，大家才会觉得这个团队或社会与自己有关系。好的社群应该人人都是群主，人人都觉得这个社群未来的发展跟本人息息相关。

社群最重要的一点是参与感，强调分享，社群没有所有人的参与和分享，也很难走得长、走得远。分享是以愿不愿意这样的方式进行的，而不是把你的风险拿出来分享。我们在一个恶的环境当中，要表现得比别人更恶，

第 9 章
构建同一屋檐下的社群经济

因为你只有表现得比别人都恶，才有好的生存环境。所以社群还要能够营造好的氛围。当我们在一个和善的环境当中时，一定会把自己心中美好的一面释放出来。阿那亚有 50 个社群，其中三个是大业主群，在这里人们一起讨论公共生活和公共事务。另外还有四五十个社群是根据兴趣组合在一起的，如跑步群、游泳群、慈善群、话剧群等，大家通过各种类型的线上社群的互动在线下丰富自己的生活。2015—2016 年，业主们自己就主办了多场话剧、音乐剧、诗社、小型音乐会等。

阿那亚让很多人找到了小时候邻里之间的美好，通过不断产生跟精神有关的内容，重建了人与人之间的亲密关系。我现在把阿那亚的社群叫做情感共同体，这是有别于传统社会以血缘、以婚姻为基础的熟人社会。

马寅在全球 INS 大会上分享

凿开公司间的隔栅
共享时代的联合办公

关于什么是社群，我很认同马寅的观点：社群是一种以共同价值观作为精神内核、成员带有相同精神标签、跨越时空的精神联合体和利益共同体。社群是精神层面的载体，社群成员之间如果没有精神层面的链接，就不能称之为社群。互助型的社群可以推动成员间的无私互助，共同获得心灵成长。我们要营造具有家人般信任感和归属感的社群氛围。

我们可以从六个层面来看待社群。

1. 精神。如果社群无法满足成员的精神需求，就不是真正的社群。
2. 价值观。共同价值观是社群的精神内核。
3. 精神标签。每个社群成员都拥有一张精神标签，可以反映出社群的价值观。
4. 跨时空产物。社群不受物理空间的限制，在移动互联网技术的支撑下，社群成员无需谋面而交。
5. 精神联合体。成员间的精神世界形成连接，没有形成精神联合体的社群都是伪社群。
6. 利益共同体。社群是建立在精神联合体之上的利益共同体，通过长效机制保障成员利益，充分调动成员的积极性，并形成整体合力一致对外的利益共同体。

人们对于精神满足的追求占据主流，就意味着精神为王时代的到来，社群是真正以人为本的，任何人都无法离开社群而实现精神需求的满足。在精神为王的时代，社群是人的必然生存方式和生存载体，而社群思维则是人的最高级别、最有效的思维方式和能力。

联合办公要搭建的客户社群是在共同积极价值观体系下的精神联合体和利益共同体。

关于为何入驻优客工场，康壹科技创始人段然的看法很有代表性。

第一，我们公司入驻优客工场后获得了服务上的极大便利。原来自己租办公室，很多事情都要自己去做，包括行政、前台、网络等，现在这些基础的工作都由优客工场来完成，我们把精力全部放在主业上。

第二，能对接资源和服务。经常会有一些政府领导、行业带头人、投资大佬来优客工场参观或研讨，在财务、法律、投融资等方面都会对接一些专业的资源，也经常有一些培训。过去我们跟外界接触是单向的，现在都是双向的，能够系统地去提供服务。

第三，这里有入驻企业之间的合作，包括产业的重新整合、整体运营思路、商业模式的调整等，对事业提升有帮助。所以我觉得优客工场其实并不是一个联合的办公区间，而是它帮你去成长以及和优客工场协同成长。随着优客工场不断发展壮大，服务体系越来越完善，入驻企业的协同化学反应在增加。

凿开公司间的隔栅
共享时代的联合办公

另外，对于创业企业来说，有三个最重要的事情——找方向、找钱、找人，这三个优客工场都在做。幂次方学院帮你找方向，也培训你怎么找钱以及教你如何管理企业。有言也是一个独立的创业项目，大家都是怀着创业心态一起前进的。

优客工场不断在成长，搭建的还是一个生态。所有的生态必须有一个特性，就是能孵化出一个新物种。如果不是新物种，不管在哪儿办公，我还是我。因为有了优客工场的存在，我可能变成了另外一个物种。我原来是做手机的，现在变成了手机软件一体化解决的服务商或者说合作商。现在优客工场也在做产业的细分，像幂次方学院扶植健康医疗、VR、智能家居，会更好地孵化出这几个行业里的新物种。希望我们康壹控股（北京）有限公司在里

康壹科技

面能够快速成长，成为智能养老里面的一个新物种、一种新的形态、一种新的商业模式。

优客工场刚开始可能像 WeWork，但慢慢地就有中国特色了，结合了中国很多的东西，比如富有人情味儿。国外私生活和工作是分开的，但中国人的工作和生活有时候是交融的，所以这里又有点像过去的大杂院，大家业余生活和爱好融合在一起，其乐融融，所以它更像融合了办公和社交的一个商业社区。过去在普通写字楼里，我们跟邻居没什么交往，现在大家可能会一起组织一些非业务性的交流活动，比如打扑克、喝啤酒及针对女性的有美容美甲等。这里面更像一个大家庭，更有凝聚力，每个人会主动地去付出，其他人就会得到很多自己原来得不到的东西。

社群经济促进企业品牌人格化

在 WeWork 的全球社群体系内，70% 以上的会员之间有合作，而 50% 以上的会员有商务往来。WeWork 致力于建设一个有良性互动的社区。WeWork 一直强调这种互动合作的社区建设，这也是它的核心竞争力。在精神商业时代，所有优秀企业都会有一个共同的评价标准，就是能否真正实现品牌的人格化。企业品牌一旦实现了人格化，就会迅速定位到用户的精神刚需，吸引原本无感的用户，让用户从不闻不问到主动参与，从不理不睬到真心热爱。

社群思维助推企业实现品牌人格体深度的用户关系是塑造魅力人格体的

土壤，而实现深度用户关系的唯一载体是用户社群。赋予低效空间流动性加上推动城市消费的升级，加上品牌的人格化是与未来城市空间改造和消费升级吻合的几点重要的内容。只要做新生业态的人注重在这几点上做文章，都有可能创造出有意思的空间产品，空间、内容最重要的是人格化的品牌。

对于房地产来讲，过去因为我们房子不足，我们认为住是刚需，所以那时房地产公司不会去想社群、品牌人格化这些东西。未来也有刚需，下一个阶段的刚需是精神需要，所以你如果捕捉到精神刚需，你的产品就有客户，就可以盈利，就可以吸引客户，让他们从不闻不问到主动参与。

优客工场有一个英国人创业的项目Hatchay，是一个形成了巨大社群的美食孵化平台，平台上聚集了很多大厨，创始人是汉语桥的金奖得主，毕业之后去大使馆应聘，去很多私人家里开外国人饭馆等。Hatchay入驻优客工场以后，我们突然发现半个北京的外国人都在里面活动，这些外国人又跟其他IP形成了巨大的互动，这其中就有一个是拥有2 000万用户的网上书店，演员刘烨的妻子安娜是这个网上书店的大网红，经常在那里读书。这个书店把线下活动放在Hatchay的美食孵化器里面，英国人乐坏了，天天卖面包都卖不过来。这就是圈子，大IP自己就成了商业模式。

社群思维助推企业品牌实现魅力人格体，是通过推动企业构建用户社群来实现的。在用户社群中，企业品牌的魅力人格体是通过品牌人格表达、品牌人格连接与品牌人格塑造三种力量共同作用而实现的。社群的资源溢价体现在：可以获得更高性价比的服务；吸附更加优质的企业、增加黏性，在生

第 9 章
构建同一屋檐下的社群经济

Hatchay

态中共生共长；与具备强大资源的合作方深度合作；取得更有区位优势的项目；获得更有力的宣传平台和媒介。

社群经济时代具有哪些重要意义呢？

1. 高度关注人的精神需求。
2. 将扭转过往人类经济活动片面强调物质需要的价值导向。
3. 人类自工业经济时代、互联网时代逐渐形成了技术化生存，社群经济将化解人类极端依赖技术生存的危机。
4. 社群经济将成为人类历史上的一种全新的经济形态。

社群经济本质上是一种人本经济，突破了以往人类对于经济形态定义的思维局限，不再受任何外在要素条件的束缚，回归到以人为中心来定义经济形态的轨道；社群经济是一种人性经济，区别于以往任何一种经济形态，社群经济是一种全面关怀人性的经济形态，它从根本上服务于人的人性化生存状态，强调经济活动要兼顾人性的生物性、社会性和精神性的统一，并保持三者之间的平衡；社群经济是一种人格经济，强调企业实现品牌人格化，不断把与用户的人格连接推向更高层次，才有机会构建深度的用户关系。

第三部分

众创空间的未来蜕变：从平台到创业生态圈

第10章

创业服务平台

众创空间作为新事物，其本身也是在不断演化发展的，其运营模式随着市场需求的增加和创新创业者们的不断探索，也在不断完善和发展中。近年来，随着国内互联网创业对传统产业的改造纵深化、分布领域细分化发展，一批能提供垂直孵化服务的创业服务平台纷纷出现。

从衍生服务到服务平台搭建

衍生服务可以说是联合办公空间区别于传统办公室的一大属性。联合办公空间经历了从衍生服务到衍生业务平台的发展过程。联合办公空间具有资源、技术与知识的选择性、开放性和共享性，所以除了提供创新创业分享与创造空间之外，优秀的联合办公空间还应构建一种融创业培训、投融资对接、工商注册、法律财务、品牌传播等于一体的、全方位创业服务的生态体系。这种联合办公空间不但可以用于社会个体进行创新创业孵化，也可以用于高校及科研机构的创新创业教育和实践体验。

这些服务项目发展到一定阶段后，随着业务积累，继而逐步独立发展成为若干个衍生业务平台，实现各自独立商业化运营及多元利润增长。与此同时，联合办公空间也可战略布局创新企业，通过赋能加速实现价值指数型增长。衍生业务平台主要有以下几类。

商学院平台

作为优客工场众创空间创业生态圈的重要组成部分，幂次方学院平台可以为创业者及其企业在创业道路上提供从单项类到模块式以及综合性的各类创业管理实践课程，致力于搭建一个创业培训服务全要素平台。

目前，幂次方学院有四类较为成熟的业务——创业沙龙、创业指导老师、同学会及 EMBA。创业沙龙主要配合公开课进行，针对企业案例深入交流，可获得创业导师 1 对 1 指导。创业导师主要是基于创业不同发展阶段最关注的问题设置，设置一系列分享课程。同学会则是学员之间的交流平台，户外拓展通过活动为创业者提供轻松优质的互动圈子，开放资源合作，创建亲密同学会。EMBA 主要是通过案例教学，邀请具有借鉴与指导意义的创始人、联合创始人作为授课导师，与其他创业企业、投资人组成导师团。

未来，商学院平台将作为联合办公空间生态圈的主要组成部分，为创业者及其企业提供从单项类到模块式以及综合性的各类创业管理实践课程。同时，也会将国外最先进的创业创新知识引入中国，服务于国内的广大创业者及企业。此外，商学院平台还将承担国外优秀科技成果转化平台的角色，为项目在国内的落地转化提供便利。

第 10 章
创业服务平台

执行力课程

魔豆实验室

创业沙龙

例如，优客工场幂次方学院主导发起的"优创享"系列公开课和"UShare"创业沙龙、"优享汇"拓展等一系列日常活动，已经成为专为广大创业者服务的高度共享交流平台。

理财顾问平台

简单来说，理财顾问平台就是按照顾客的需求，为其日常经营管理、财务管理和对外资本运作等经济活动进行财务策划和方案设计等。联合办公和孵化器的概念不同，盈利模式并不依赖于投资孵化。就孵化器而言，要有极强的基金管理能力、寻找好项目的能力，投后服务也要很强，考验的是经营者对产业链的理解。众创空间通过联合办公大平台效应，聚集了大批优质并具有创新原动力的企业，在业界所熟知的投融资直通车、路演日等对接创业企业和资本的活动的基础上，融入理财顾问平台的专业化培育和加速服务，将使得众创空间内的创新生态的土壤更加肥沃，优秀的企业得以加速成长。

众创空间的大平台主要关注和战略投资对众创空间自身生态形成及发展有益的重要项目。在选定项目之后，理财顾问平台将通过设立私募股权基金投资场内外有成长价值和发展前景的重要项目。与此同时，投资直通车不断吸收不同背景、阶段、投资方向的国内外投资人，普惠于优客工场场内所有项目和部分场外优质项目，定期举办投资人见面会和路演，为项目和投资人的对接提供最广泛的条件，并为众创空间本身提供优质项目资源。至此，从优秀项目发现，到项目成长加速，再到项目最终接受市场检验，优客工场投资系统终成闭环。

前面提到，优客工场的理财顾问平台优博恒深已走在了行业前列。优博恒深聚集了国内顶尖的财务管理、法务管理、投融资管理、风险管理和基金管理的精英团队，可向场内外企业提供包括私募股权融资服务、新三板上市服务以及并购及重组服务等高端定制服务。从项目获得投资人关注、协助双方建立联系之始，优博恒深将提供包括规划发展战略、商业模式优化、商业计划书撰写、估值建议、接触潜在投资人、安排路演、协助商务谈判等一系列服务。项目具备上市条件后，将协助服务对象筛选承销商、聘请法律和审计顾问、审阅估值模型、协助尽职调查、审阅募集说明、陪同路演等。在投资交易成功之后，将与传媒公司共同为项目和投资人进行全方位的宣传包装服务。

传媒平台

联合办公空间生态内的传播平台主要是指创业创新领域的媒体平台以及品牌传播服务平台，这种平台通过文字、视频、直播等多种媒体报道形式，把创业者的故事讲得更有趣；同时，对接专业领域的资深从业者与机构、媒体，利用知识盈余与实践盈余为双创企业提供传播解决方案与项目实施。构建创业者与投资人、用户之间高效的沟通交流和分享渠道，从而树立并强化创业者及创业企业品牌。

创业公司品牌传播有目标会变、执行低频、缺高人、没钱四大难点。从另外一个角度来看，目前市场上创业公司有能力购买的收费服务，只是他们需求的表象，并不能为他们的竞争力加分。因为资源有限，加之市场的机会窗很短，他们需要的是大公司都不具备的品牌传播上的创新。初创企业、小

凿开公司间的隔栅
共享时代的联合办公

内容创业新"视"代论坛

微企业和它们的公众号虽然不像传真机那样完全依赖其他企业与公众号生存，但在市场推广活动铺天盖地的今天，一个公众号所在的网络、所能吸引的社群，与它本身生产的内容几乎一样重要。围绕创业企业与小微企业的特殊性，众创空间传媒平台构建出一套完整的营销传播的服务模式和商业模型，满足创业公司的品牌传播需求。该平台将会寻找行业里最精英的策略、创意、撰稿、文案、设计、媒介，拆解好创业公司的需求，实现两者之间的完美对接。未来，传媒平台也将立足于众创空间的大平台，做出自媒体联盟，把有推广需求的会员集合在一起，共享资源；把值得推广的信息推送出去，扩大影响，形成创业企业与小微企业以自我推广为目的的共同体。让每个会员获得众筹的力量，用更轻松的方式被目标受众知晓。

优客工场的传媒平台——北京优客里邻传播顾问有限公司就是一家专注于创业项目及企业的新型品牌服务平台，面对创业公司品牌从 0 到 1 的过程中，对传播认知和需求不清晰、同质化严重、预算少变化大等传播痛点，"里邻"传播搭建了以"经验资源分享"为基础的传播服务众包及撮合交易平台。与传统公关公司不同，"里邻"传播通过对创业公司在品牌传播需求的深入理解和解析，甄选和匹配一批资深的品牌公关营销专业人士和机构作为外部品牌专家，并对接优质营销和媒体资源，为创业企业提供品牌定位梳理、传播策略制定、公关创意营销、传播项目实施等全方位服务。未来将进一步探索面向创业社群、创业孵化及联合办公平台增值服务、创投机构投后服务等多形态多渠道的品牌传播服务模式。

"有言"报道第四届创业戈壁行

2016年8月16日下午，优客里邻旗下创投媒体"有言"、创业最前线、今日头条等14家新媒体联合发起成立"梦马新媒联盟"（MEMA），并举办内容创业新"视"代论坛，今日头条视频负责人宋健、财视传媒副总裁胡占莉、"有言"联合创始人兼主编伊西科等六位大咖，一起讨论了如何抓住短视频内容创业风口的话题。2016年8月底，"有言"作为三家官方媒体之一，参与报道了第四届创业戈壁行。

与美国、以色列、英国、法国等创新能力较强的国家相比，我国以众创空间为依托的创业服务业形态和数量成长速度并不逊色，产业生态系统渐趋成熟，正在从形态单一向各具特色的"生态系统"建设形态方向发展。例如，中关村成立的"创业服务生态系统促进会"就是从创业服务1.0版在向2.0版进化。从国内外实践经验分析看，大量中小企业的快速成长，在政策扶持的大环境外，同样需要立体多元的发展服务环境与生态系统。基于此，联合办公空间必须要打造创业生态全链条服务，为企业提供全要素加速服务，这也是从联合办公空间到空间生态的意义所在。

抓住痛点，服务升级

中小型企业是指在经营规模上较小的企业，雇用人数与营业额皆不大。中小企业已成为我国经济的生力军，在国民经济中处于重要地位，在农村经济中处于主体位置。随着市场的细分，越来越多的差异化需求都会在一个合适的时间，合适的价格下被满足。而这些不同的需求一定是由在各自细分领域不断深入的中小企业所提供。依据工商总局发布的数据，截至2016年年底，我国实有各类市场主体超过 8 700 万户，小微企业活动度不断提升。2016 年全国新登记注册企业 552.8 万户，平均每天新登记企业达 1.51 万户。

企业服务的痛点

目前，中小企业完成了我国 65% 的发明专利和 80% 以上的新产品开发。一批中小企业已经开始转型，从以加工为主到现在的以高新技术为主导。一部分中小企业还形成了产业群。当今世界经济的竞争，更多的是来自服务业的竞争。来自国家统计局的数据，2016 年，我国服务业增加值占 GDP 的比重达 51.6%，比 2015 年提高 1.4%，高于第二产业 11.8%。同时，服务业的就业人口已经占领高位，增长速度加快。中小企业的发展，带来了其配套服务的强大需求池。从基础的工商财税代理到深度定制企业 ERP，再到非常专业的财务咨询，越来越多的公司团体加入这个领域。

企业服务是一个传统的市场，普通存在服务商零散、单体小、不专业、不标准的问题，长期没有大的改善和革新。这些小微服务商的"生活"都很安逸，客源都是靠"公司咨询人员"到外面带来客户或熟人介绍，经营模式比较固定，规模小、利润低，不寻求业务的完善和行业的升级，处于一种相对混乱、整体水平低下的局面。"互联网+"的介入，将推动这个万亿级的市场里诞生出千亿级的企业。该行业目前存在如下痛点：

- 服务信息搜索鉴权效率低下，通过百度或者熟人介绍是现在的主流渠道；

- 服务收费陷阱重重，业务转包，服务信息流程极度不透明；
- 标准化服务价格敏感，如云服务、办公设备等；
- 缺乏第三方认证机构对重决策服务的信用背书。

企业服务平台的搭建

企业服务平台主要是按照开放性和资源共享性原则，依靠互联网、移动互联网、云计算等信息技术手段，为区域和行业中小企业提供信息查询、法规标准、质量检测、管理咨询、创业辅导、市场开拓、人员培训、技术创新、设备共享等服务的载体，是中小企业服务体系有效运行的依托。企业服务平台一般由中小企业服务机构、中介或代理服务组织及相关企业等组成。企业服务平台的完善可以逐步解决中小企业发展中的共性需求，在提升经营管理能力、促进发展质量、畅通信息渠道、加强市场推广、增加企业融资通道、扩大品牌知名度以及推动创新发展等方面发挥着重要支撑作用。一方面通过筛选、征信、汇聚优质的服务商，另一方面通过互联网平台将企业用户和企业服务商连接起来，让他们能在平台上完成线上交易，不仅可以实现信息、折扣的实时更新，更能通过平台的缓冲，保障服务质量，使互联网＋的服务平台名副其实。平台双方完成交易后，企业用户会对企业服务商做出真实的评价，这一评价体系也是筛选、征信企业服务的重要参考指标。最重要的服务保障，是建立第三方资金托管，只有在企业用户接受并完成服务后，才会将款项打给服务商。在服务质量方面，服务能标准化的，逐渐将其标准化；服务不能标准化的，逐渐将其流程标准化，拆解并把控每一道服务质量。

平台发展规划

第一步，需建立信用背书与信息流：

- 服务商经过审核认证发布服务信息（赋予服务商信用背书）；
- 用户按条件查找所需服务资源（降低用户搜索筛选成本）；
- 服务商与用户对接；
- 交易完成后相互评价，加强信用背书。

第二步，转化信息流为交易流：

- 建立平台服务交易，如上节所提，完善保障体系；
- 标准化团购服务，针对标准产品，降低成本；
- 种子用户推广服务，帮助中小企业进行线上＋线下推广。

短期、中期、长期目标

短期目标（3~6个月）：依托特定众创空间，完成入驻众创空间初创企业服务商的汇集，建立线下空间类资源，并围绕双创产业链，针对小微企业创业发展的刚性服务需求，建立服务体系。逐步开始培养供需双方通过平台交易的习惯。

中期目标（6~18个月）：遴选出有优秀企业服务产品的中型服务提供商

进行深度合作，并能在全国范围内逐步建立企业服务机构的诚信体系。

长期目标（18~36个月）：与服务提供商中的独角兽建立战略合作关系，帮助国内的优秀企业服务商走向国际；同时，将国际上的企业服务商引入中国；在建立全国性诚信系统的基础上，众多中小企业能够更简单地运营，更高效地管理，更快速地发展。

打造更垂直的服务平台

随着互联网技术的不断发展，媒体行业在最近几年内发生了巨大变化，传统媒体不断式微，以网络自媒体引领的新媒体具有越来越重要的话语权，随之而来的是内容创业的兴起。2015年，内容创业迎来爆发的春天，大批内容创业者、投资人纷纷涌入；2016年，随着IP泛产业链不断被拓展和开发，内容创业呈现出了多元化发展的趋势，从文字、图片，到音频、视频，再到游戏、漫画，等等。值得一提是，"网红"在2016年着实火了一把，以至于2016年被称为"网红元年"，罗振宇、papi酱、王思聪、薛之谦、咪蒙等都是处于互联网风口的网红经济的代表。

在内容创业如火如荼的大背景下，作为国内最主要内容分发平台的今日头条，推出该领域的垂直孵化业务自然也显得顺势而为。

一次，我跟今日头条孵化器（"今日头条创作空间"）的负责人喻平聊天，问他优客工场与今日头条都在为创业企业提供服务，两者的差别在哪里？喻总是这样回答的：

优客工场服务领域是综合的，而我们今日头条服务的领域是垂直的。

综合的就是什么行业的从业者都能进驻优客工场，而进驻今日头条的企业是与内容相关的。在创业基础服务方面，包括场地、投资、人力、法务、财务等方面，优客工场走在前面，值得今日头条学习。

而对于今日头条来说，场地服务也是有的，但这些只是基础，我们的侧重在垂直领域的服务上。我们的专长在内容领域，这方面我们有平台、有移动用户、有流量、有专门的资源；但同时，我们也想打造一个优质的垂直服务体系。

尽管优客工场在综合服务方面做了很多工作，但为内容创业服务一直是优客工场所关注的。目前在国内，今日头条创作空间是专注于内容垂直领域的共享空间服务或者社群办公服务的代表，其针对的内容创作行业的团队，聚焦更精准，所以他们能提供的服务更完备。

今日头条垂直服务的启示

今日头条为内容服务的众创空间同样是从生态的角度出发的，构建包含内容的创作、聚集、分发、讨论、变现的服务平台，重点关注在这个生态圈中内容生产者、创作者的孵化、投资与撮合。

给予入驻创业团队头条平台业务运营指导

今日头条创作空间在开展业务后，基本上保持着每两周邀请一位公司内部业务部门人员进行分享的方式，向内容创业者群体传授头条内容平台的玩法和运营技巧，帮助其更快地适应以机器算法为内容分发特征的今日头条平台规则。

提供培训课程、行业沙龙等创业辅导

除了动用公司内部资源外，今日头条创作空间还广泛与外界建立联系，邀请一些行业大咖来针对趋势做有针对性的分享和沙龙，从而帮助创业者能更快速准确地找准自身内容产品在行业环境中的定位。在这一过程中，今日头条创作空间成为了连接创业者之间以及他们与行业头部资源之间有效的桥梁，帮助他们少走弯路，如联合娱乐资本论、微播易等行业上下游的优秀团队，针对"网络综艺的发展态势""自媒体创业该避开的坑"等行业热门话题举办了沙龙。

不仅在北京经常举办线下沙龙活动，今日头条在上海、深圳两地也积极寻找合作方，举办针对当地创业者痛点、连接当地资源的线下沙龙活动。

第 10 章
创作服务平台

今日头条创作空间北京盈都店前台

今日头条北京盈都店工位区

举办路演活动，帮助创业团队对接 VC 等资源

今日头条创作空间不仅仅为用户提供线下场地、线上运营等扶持孵化条件，还利用其行业位置，帮助对于融资有需求的团队对接资本 VC。其中，举办路演就是最为直观有效的办法。截止我撰写此书稿时，今日头条创作空间已先后在北京、上海、深圳三处孵化场所举办了五次较大规模的路演活动。每次活动在前期预热阶段都收到超过 60 个项目的商业计划书，通过层层筛选，最终只有大约 15% 的优秀团队能登上路演舞台。而在路演之后，许多投资人也积极地与创业者进行沟通联系。

硅谷密探是关于科技界和创业界报道的，创立者是几个在美国硅谷的中国留学生，他们看到国内对于信息尤其是以硅谷为代表的创新创业信息的一

优客工场—今日头条上海创作空间沙龙区

个缺口，于是他们就进行了实地的采访、报道。这个团队后来入驻了今日头条加速器，今日头条提供了流量扶持、内容传播、做标题或者内容长度、传播形式等的一些辅导；同时，在硅谷密探业务发展过程中，头条为这个团队引入一些合作方甚至投资方来跟它对接。硅谷密探在入驻今日头条4个月之内，流量在头条号上提升了40%左右。在2016年三四月份硅谷密探拿到人民币300万的天使轮投资。目前，他们受到了很多内容平台的追捧，最近一些创业论坛对他们进行了一些报道。

提供高性价比的办公空间，为创业团队提供基础第三方服务

高性价比非常直接地体现在基于大量前期调研后确定的选址以及工位价格等方面。今日头条在北、上、深三地所选的孵化器地址都位于交通便利的

市区中心地段，并且离各自的互联网、文娱创业商圈很近。北京的孵化器场地临近中关村且位于知春路地铁口，上海的孵化器位于创业氛围一直浓厚的长阳谷文创园，深圳的则在市区交通便利的海岸城且靠近腾讯总部。同时，今日头条通过前期调研，摸清了这些地段其他孵化器的工位价格后，再来制定相对更为低廉划算的价位方案。

作为小型的早期创业团队，往往无法做到自己雇用专业的财务法务团队等，同时在财法税等事宜上也会耗去创业者们大量时间。为此，今日头条常贴心地定期组织快法务、易后台等专门针对创业团队财法税业务环节痛点的公司，上门为团队提供相关的服务。

优客工场与今日头条联手

2015年年底，今日头条启动第一期"今日头条创作空间"，第一期入驻内容创业项目31个，汇聚了新世相、知识分子、娱乐资本论、硅谷密探、离线时间等优秀创业项目。根据今日头条创作空间在第一期结束后的统计，入驻团队的头条号流量平均翻了3倍，其中四成入驻项目每月都在头条号平台出现10万+阅读量的文章。在融资方面，截至2016年7月底，第一期已有16个项目先后拿到融资，其中14支团队完成天使轮，1支完成Pre-A轮，1支完成A轮。七成入驻项目获得"万元计划"资格，每月收到至少1万元的补贴，各项目中，最高获得今日头条80万元的内容创作补贴。

今日头条创作空间在内容创业这一垂直领域所取得的成绩，也吸引到了

第 10 章
创业服务平台

优客工场—今日头条深圳创作空间休闲区

不断拓展共享业务边界，努力尝试与不同领域具有共同理念的资源相互整合的优客工场的关注，两者的战略合作，为在碰撞中形成"新物种"提供了巨大的可能，同时也为内容创业群体提供了全方位的支持。

从 2016 年 9 月起，优客工场联合今日头条陆续在北京、上海、深圳、成都四地成立内容创业孵化器——"优客工场—今日头条创作空间"，为入驻项目的后期孵化提供加速服务，包括但不限于：创业课程辅导、导师对接、基于今日头条平台的运营扶持等。创业团队入驻创作空间后，由优客工场向入驻企业提供联合办公所需的行政后勤服务。这一合作模式还将陆续在全国主要的内容创业聚集城市推广，通过开放合作与上下游领军企业实现共赢。

第 11 章

社群时代的新物种：创业生态圈

我们在 2016 年收获很大。从数字上看，优客工场进入了 11 座城市，与 7 家开发商进行了合作，包括万科、银泰置地、阳光 100 等，共有 75 个场地开业，可提供 1.3 万个工位，目前 17 700 人在我们的平台里面办公。优客工场到目前为止共聚集了 1 079 家公司，这些公司为未来提供了无限可能，也确实让我开了很大的眼界。

2016 年，我们在自己的空间里曾为一家专门做农业精准扶贫的公司做了一场小型公益筹款，一天内，十几块、几十块的捐款汇集在一起，几百万元的扶贫款就到位了，社群所带来的巨大流量让这件看似很难的事变得简单了。活动目的是打通这些拥有千万用户的企业，让这些企业的用户一起参与到活动中来。联合办公的意义之一就在于，它是一个大型的商业社群和撮合平台，是具有社群属性和社交功能的。

联合办公是从互联网技术主导的信息时代过渡到移动互联网技术主导的共享经济时代的一次创新，它的本质是改变了企业间、人与企业间、资源和企业间、人与人之间的商业社交关系，而绝不是一个办公室。如果你真正融入到这个空间里，你就会发现，这里可能是学校、研究所、俱乐部、社交圈子……它有无限可能。

联合办公是社群时代的新物种。办公不再重要，联合才是价值的体现。如何定义联合办公，我们沿用了商业社交超级IP的五大特征，即有独特能力的空间，是自带话语、势能价值的空间，是高效流量变现的空间，是持续人格化演绎的空间，是利用高技术和新科技的空间。这个空间值不值钱？有没有价值？衡量的标准就是谁在空间内办公。每一位入驻空间的内容创造者都在释放着价值，比如马艳丽的团队如果在我们的空间里，那这个空间在服装界的创新上就有了很高的势能；戴玉强老师的"戴你唱歌"搬到我们这里，我们就会迅速集结一批音乐创业者，这就是自带势能的话语体系。

优客工场的创业生态圈

以位于北京朝阳区东四环华贸商圈内的阳光100优客工场为例，让我们看看优客工场是如何努力打造创业生态圈的。

阳光100优客工场面积近9 000平方米。由于该区域商务氛围浓厚，且文化气息较重，互联网企业、金融企业也云集该区域，所以优客工场把该场地确定为全业态、全周期的联合办公空间。在秉承着"让平行世界里的人能够相互遇见"的使命下，北京阳光100优客工场在开始阶段就确定入驻了不同领域的各类企业，尤其以吸引体育、文化传媒、互联网、时尚科技、金融等行业企业为主，形成了非常丰富的社区企业系统。

第 11 章
社群时代的新物种：创业生态圈

以体育产业为例，"悦跑圈"为广大跑步爱好者提供一个专业化的互联网平台，不仅能让跑步爱好者更好地进行交流，还可以提供一系列的跑步装备。"跑哪儿"是一家专注于"互联网+跑步赛事+旅游体验"的新兴互联网公司，其商业模式为"以跑步赛事为入口、以社群创造价值、以全生态赢利"，借助互联网手段，将跑步赛事和旅游等多项服务进行多重跨界融合，并根据跑者生命周期和跑步体验的程度，为客户提供不同的产品和服务，并由此建立了高黏性社群。胡春煦创立的"全球铁三"正在打造以铁人三项运动为核心的"游骑跑"人群线上线下培训、铁三咨询社交平台、国内赛事推广与代理、海外铁三参赛旅游、铁三运动员经济、运动装备商城等系列产品服务。

在文化传媒方面，北京阳光 100 优客工场重点规划、吸引了财新传媒体系中的"财新雅趣"入驻，"财新雅趣"推出了 App "识趣"，以中性轻奢类的生活产品和方式为内容导向，向客户群体提供生活内容和落地指引。

胡春煦创立"全球铁三"

凿开公司间的隔栅
共享时代的联合办公

"思清音乐"是国际著名小提琴演奏家吕思清创办的，其在创立伊始就进驻了北京阳光100优客工场。"思清音乐"是专注于音乐艺术垂直领域的移动互联网科技公司，从事包括音乐教育、才艺展示等App、智能硬件、VR/AR等互联网产品的研发，以及数字音乐内容的制作与传播。国内外众多顶级音乐及教育大师组成公司的核心专家团队，通过机器学习等前沿技术，帮助中国4 000万乃至全球1亿的琴童在有趣的学习氛围下主动练习，提高音乐学习的效率和成绩。同时，"思清音乐"也创立了一个以移动互联网视频为载体的全球音乐文化社区，为所有音乐爱好者提供才艺欣赏、分享互动和自我展示的平台。借助此平台，不断发掘具有大师潜质的音乐天才，为其提供成才道路上的所有帮助。

许飞吉他私塾以"用专业的方法将兴趣转换成才华，用笃定的耐力将浮躁的热情转变成持之以恒的能力"为企业愿景，其音乐让北京阳光100优客工场充满了动感。

许飞吉他私塾　　　　　　　　　　　　　　庄雅婷的"文艺+萌"

网络才女庄雅婷也将创新的业态"文艺+萌"放进了北京阳光100优客工场内实验。

"轻客"是一个研究城市智慧电单车的团队。其作为一家创新型的"移动"互联网公司，从事出行领域的软硬件产品设计、系统研发，如云马电单车等产品。公司由汽车设计师陈腾蛟发起创立，研发团队由清华汽车工程博士杜磊领衔。轻客智慧电单车装备 VeloUP! 智慧动力系统，搭载汽车级芯片及控制技术，能读懂用户骑行意图，判断路况及骑行状态，为用户实时提供所需动力。

在医疗行业，专业机构优和维尔健康是整合高端医师资源、高端医疗技术、高端服务、高端环境，为高端人群提供高端医疗服务的健康咨询机构。优和维尔为入驻企业提供健康咨询、肩颈治疗、心理咨询等服务。

"轻客"自行车

凿开公司间的隔栅
共享时代的联合办公

同时，北京阳光 100 优客工场还打造了一个金融区，不仅诺亚财富进驻，还有量化交易的平台进驻。北京阳光 100 优客工场还与民生银行合作中小企业贷款，为客户解决银行方面的问题，做到足不出户办理业务。

黑土麦田是一家非营利组织，其创始人秦玥飞毕业于耶鲁大学，回国后只身前往湖南农村最基层任职"村官"，获得 2016 年年度"感动中国十大人物"称号。黑土麦田在成立之初就选择入驻优客工场北京阳光 100 社区。目前，黑土麦田致力于培育杰出的乡村创客，为中国农村创造可持续的发展。

具有众多明星效应的"蜜斯蜜糖"，不仅有诱人的甜品，还为新兴女性主办不同主题的多元化活动加入女性创业元素。

黑土麦田创始人秦玥飞

第11章
社群时代的新物种：创业生态圈

"醉鹅娘"以红酒、咖啡的品鉴为途径来营造更优质的生活方式。"80秒咖啡"提供创新的啤啤饮料。"自我主张"提供个性化的服装定制。

80秒咖啡

不同的业态分布还不能称作生态圈，企业间的交流合作是社群能够成为生态圈的关键。在北京阳光100优客工场，企业之间的交流、往来、合作已然成为常态。例如，"自我主张"为"跑哪儿"定制独一无二的团服；"悦跑圈"与许飞吉他私塾合作组织了艺人跑；"云马"为"财新雅趣"提供助力自行车活动；"优悦科技"为"秘境"设计公司Logo，等等。

场区内的商务中心除基本的打印、复印、装订、印刷等传统业务外，针对北京阳光100优客工场社区内的企业特性推出了一系列具有特色且受企业欢迎的业务种类，这其中就包括PPT设计制作、H5页面制作推广、BP的设计美化等；最有特点的还是商务秘书服务，服务包括为企业日常代收快递、打印整理文件、行政采购服务，还能根据客户的需求，陪同参加商务谈判并做好会议记录等文案工作。此外，无人超市不仅解决了北京阳光100优客工场工作者的零星商品需求，更是充分体现了共享经济下良好诚信的社区氛围，同时也体现了共享经济模式下资源的充分利用。

优客工场炫嘉文创众创空间是针对文创行业量身打造的专业类共享众创空间，项目建筑面积3 540平方米。在一层区域有两层高的挑高及旋转楼梯，在最里侧，有一间240平方米的大型演播间，配套专业的灯光、升降舞台等，可举办中小型演出、歌友会、记者招待会、新闻发布会等；同时，具有完全隔音设施的MSS说话式唱法的训练室及4个小型直播间，也为音乐和直播提供了平台；针对文创创业人员的特点，在一层还设置了ZIZI纹身工作室。在二层专门有两间拥有国内顶尖设备的录音室，可以供一流的音乐制作团队使用，七层的排练厅只有26.5平方米，可以提供私密的剧团排练、形体训练、小型公开课。在3 540平米的空间中，有1 500多平方米的专业配套，让21家音乐、动漫、节目制作、直播等不同领域的公司，能共享文创的共享空间。

从共享办公到共享社区

共享社区意味着人们在空间里共享教育、共享居住、共享办公、共享美食、共享艺术、共享健康，共享服务……这种全新的商业模式，正在悄然走近并改变一个行业、一座城市和一个时代。共享际（5Lmeet）是这种商业模式的代表。

2015年9月，我们与红杉资本、真格基金等成立了一家公司——共享际，到现在签约了七个项目，都是在城市的节点、交通枢纽或旧城改造的位置，还接收了20万平方米的工厂，开始尝试做工厂转型的案例。我们在位于北京东四的共享际门口装了一个人流的测试器，开业31天时，在这3 000平米不到的场地里面，一共接纳了11 700多人次来访、交流和消费。800平方米的面积里面聚集了六个商业IP，其中五个都是自带800万人以上的流量。可以说，东四的共享际现在是北京第一网红聚集地，半个北京的外国人都在那个场地里面了。

共享际是将空间打造与生态圈建设打通融合，将存量资产升级改造为可提供居住、工作场地、健康、休闲、文化、娱乐等立体内容的一站式空间。它既是汇聚多元产业和资源的工作场地和孵化平台，也是新生活方式的引领者、产业升级的强劲引擎以及中国城市更新再造的先行实践者。在共享际中，企业和大众感受到的是宜居的（livable）、互联的（linked）、开放的（liberal）、有生气的（lively）、生态的（landscape）——这也正是"5Lmeet"的概念内涵。

空间打造和内容运营是共享际发展的核心内容。在空间打造方面，共享际的理念与纽约标志性高空城市公园"高线公园"可以说是不谋而合，既保留了原有历史积淀，又加入现代城市肌理与活力，在细节的处理上有意识地融合历史记忆、现代环境意识、文化与生态伦理学理念，将空间构建成为一个充满意义的、被赋予感觉和价值的世界。但在具体的打造方案上，共享际与"高线公园"不同，共享际做的是一个中国式的新型公共空间，既有创业工作、公共社交的场所，又有休闲生活、相对私密的空间，在功能上更为多元、融合和赋予变化。

共享际是 IP 造星师

IP 化将是未来商业发展的重要方向。共享际做 IP 开发，其核心内容是

凿开公司间的隔栅
共享时代的联合办公

炫嘉文创众创空间

从大众对于商品认可出发，推进到对品牌形象的认知，最终将升级为一种特定场景的生活体验；同时，反哺产品本身，也就是致力于最终商业上的成功。对 IP 持有方来说，与共享际合作，后者包括场地、财务、法律、人力、运营等在内的商业运营资源，可以更快、更好地帮助企业落地与发展；对于共享际，IP 所携带的领域内垄断性内容，将为共享际带来与其他空间的差异化。可以说，IP 运营是共享际完成"品质生活内容大平台"这一定位的最优解决方式。

目前，已有文娱、教育、餐饮、体育、音乐等产业确定进驻共享际。与共享际进行合作的企业都是主打商业的新概念，玩的都是生活的新感觉，包括星烁体育旗下运动饮料品牌百淬以及冰球训练场、维康金磊 MTV 集装箱主题酒店及线下 Live Show 和录音体验工作室、时尚大 V 庄雅婷领衔的文艺生态"文艺+萌"、昆尚传媒旗下昆仑决世界格斗赛事平台、创作型音乐人许飞的音乐类生态"许飞吉他私塾"、蛋糕界的"米其林"MissC Boutique、全极限体验 VR 类生态酷熊科技……共享际还计划吸纳更多创新、有趣的行业进入其体系中。

四大生态圈构建新型消费文化

目前，共享际已签约七个项目，完成了超过 20 万平米的资源储备。其中，共享际顺义项目是由厂区改造的 20 万平方米面积超大空间，包括了 7D 影院、VR 体验馆、动漫主题乐园和孵化基地、MTV 集装箱主题酒店、展览基地、星座大师占卜术等各类新奇、好玩的业态。

凿开公司间的隔栅
共享时代的联合办公

共享际所做的是将存量资产升级改造为集"居住、办公、生活、健康、休闲、文化、娱乐"为一体的空间，提供安居、乐业、娱情等共享服务，同时寻找、吸引有潜力的生活方式类初创企业，通过深度股权参与及加速孵化，提供包括"核心团队搭建，核心成员辅导，资源整合上下游拓展，组织设计及战略落地，资本市场对接"等增值服务，让初创企业加速发展壮大。

更进一步，共享际将在每一个项目中实现商业、产业、孵化和"互联网+"四大生态圈的天然勾连和贯通。其中，商业生态圈完成的是共享际的平台化搭建，使得产业生态圈有地方可以落位，并吸引潜力企业，确保孵化成功率；产业生态圈则为商业生态圈和孵化生态圈提供内容；孵化生态圈提供的资源可反哺产业生态圈，也弥补了商业生态圈对于共享际收入渠道过于狭窄的缺陷；"互联网+"生态圈是资源与信息的整合者，帮助其他三个生态圈更好地运作。

我认为，最好的商业模式是照应人与城市发展的本质，落脚于文化与情感。今天的都市人有自己独特的情感体验和文化需求，空间所营造的应是持续

的、共享的记忆,在内容 IP 和消费者之间建立一个可靠的信任关系,培养一种审美趣味,建立一种专业品格。共享际希望能在城市、社会、商业、人之间建立更具创造性的纽带,由此形成一个全新的、有价值观的新型消费文化。

共享际的营收逻辑

对于消费者来说,体验更美好的生活方式就是硬道理;但任何一种新商业模式,不仅要看上去很美好,还要有"钱途"和投资价值。

共享际是通过空间收入与生态圈盈利之间的平衡,来扩宽收入渠道,兼顾稳健运营与高速增长。具体来看,在空间打造中,共享际可获得公寓租金、工作场地租金和商业场地租金;在生态圈建设中,可获得孵化企业分红、投资股权增值和自身价值的提升。由此可见,共享际的思路是基于空间收入与生态圈,通过这两大支点实现服务运营收入和商业咨询营收,并在行业交叉类产品中寻找更多的盈利点。

共享际顺义项目全景图

凿开公司间的隔栅
共享时代的联合办公

这恰是共享际的商业运营逻辑——通过场景营造，社群运营，增强人与人、人与产品、人与内容、人与服务之间的黏性，搭建以生活方式为主体的生态系统，使场所成为场景，内容更加多元，业态更为丰富。

最近，有消息说阿里巴巴、亚马逊开始做实体购物中心了，很多人听后

共享际顺义项目主楼效果图

感到很惊异。实际上我很早就跟阿里巴巴相关负责人做了很多探讨，他们的实体店里面基本上没有租户，而是全部都变成了用户，而且所有的实体店铺都是阿里巴巴过去十年里面参股或者孵化的 IP。与租户不同的是，用户是不付租金的，但是用户可以带来大量人流和 IP 的潜在效应，这是未来做实体店最有意思的地方，谁抓住了 IP 谁就是未来实体店命运的掌控者。

我们也做了这样的实践，有一个项目非常成功，三个月就开始盈利了。

第 11 章
社群时代的新物种：创业生态圈

2017 年我们准备在北京再开八个门店，欢迎大家与我们探讨合作。我们从联合办公入手，现在开始做联合社区，对标的项目是美国的 1010 社区、硅谷 Plug & Play 公司孵化的项目，目前该项目的估值约 90 亿美元。在英国考察时我也看了一个很有意思的项目，也同样是网红 IP 加上联合办公加上居住的产品。最近，凯德置地也有意与优客工场合作，他们的雅士格正在做改良，推了

共享际顺义项目小剧场效果图

一个新的网红产品——life，在新加坡的年轻人里引起了巨大的共鸣，把居住的概念变成仅仅是卧室加上一大堆的共享活动和共享空间。

未来的用户是谁？未来的城市会变成什么样？未来我们怎么主宰城市不动产的命运？我想会有很多创新的内容，远远不只是联合办公和联合居住。但是其中一个共同的道理就是我们要把客户变成用户，如何从用户身上用 IP 的力量让创业盈利是最根本的目的，最后的情怀落地才是好的改良项目。

凿开公司间的隔栅
共享时代的联合办公

众创空间的新定位

经过两年多的探索，众创空间发展路径日渐清晰。整体来看，众创空间发展成效显著的地区大体都具备以下四大特征，为众创空间的进一步建设提供了经验借鉴和方向指引。

创业服务机构扎堆发展

创业服务机构集聚发展、扎堆发展的地方才是众创空间，创业者可以在

共享际顺义项目宿舍效果图

其中快速选择和获得各类要素、各种服务，搭建团队，整合资源。例如，中关村创业大街总长 220 米，面积 4.5 万平方米，入驻的创业服务机构有三十余家之多，累计服务数千个流动创业团队，合作投资机构超 2 200 家，有 200 个团队获得融资，平均每家 500 万，融资额近 10 亿元。宁波众创空间拥有高新区研发园 4.59 万平方米，涵盖创客支撑、创业孵化、展示交易、科技服务、融资对接、创业培训六大功能，吸引"无中生有"创业咖啡等 12 家机构入驻，初步形成"创客＋投资＋孵化"新模式。

创业活动频繁开展

为入驻企业举办大量、频繁的开放式活动是众创空间的重要工作，每一家创业服务机构通过频繁开展活动、集聚人气，形成开放的平台生态圈。任何一位创业者在众创空间均可参加各种活动，表达观点、对接投资人，打磨想法直至实现创业理想。开放式活动包括创业大讲堂、天使俱乐部、创业路演、创业大赛、兴趣小组、投资对接、沙龙论坛、创客活动、头脑风暴会等。

实现全球高端链接

众创空间作为一个开放式的社区，要想成为全球创新创业网络中的一个重要节点、一个平台化枢纽，就需要通过人脉网络、创业服务网络等方式形成国际联动，开展高水平的创业活

动、集聚高端创业人才、对接全球天使。全球的创业者、天使投资、前沿资讯以及特色服务可以在众创空间之间无障碍流动、互联互通，使创业团队能及时获取最新的信息和高端要素资源。

创新创业政策高度集成

众创空间成为创业创新政策集成平台，包括科技部门的创新创业政策（孵化器、技术转移、知识产权等），财政部门的政策（财政科技计划、专项基金等）、工信部门的中小微企业发展政策、税务部门的企业税收政策、教育部门的创新创业教育改革政策、工商部门的商事制度改革政策、人社部门的创业人群社会保障政策、发改委的产业规划及创投机构管理政策，等等。

目前，众创空间大都通过以下方式生存。

1. 会员费和赞助。会员费是很多众创空间维持生计的一种手段。
2. 系列培训课程收入。某些众创空间通常会做一些课程培训，帮助外行快速入门或者让创客快速获取某方面的技能。
3. 代售收入。代售指给会员或者一些来空间参观的人销售一些工具或者创客制作的创新作品。
4. 活动和工作坊收入。部分众创空间会举办一些有趣的创客嘉年华活动或者开办一个创意产品的工作坊，但收费不高。
5. 参与孵化一些项目，获得分红。北京有些众创空间在做一些智能硬件的孵化项目。

与西方国家不同的是，我国众创空间的粲然崛起不仅仅是政策信号的释放，更大的意义在于引发了全民对创业的关注和讨论，带来一次创新创业文化的洗礼，点燃了人人都可以创新创业的希望之火。激发各种奇思妙想、创新创意的猛烈喷发，在"大众创业、万众创新"的思潮中，众创空间推动创业领域思想市场的形成和迅速扩展深化，必将加剧、加速创业大爆炸。

创业创新有望释放新一轮改革红利，焕发竞争新优势。在改革开放背景下，人口基数大、低廉劳动力优势创造了第一轮人口红利；在众创时代，放松管制，营造环境，释放民智民力，鼓励围绕各领域的创新创业，可创造新型人口红利。目前，政府对医疗、教育等领域的控制依然很强，未能完全向市场开放，大量民营资本很难进入。通过创业发展，有望颠覆这些领域的运作逻辑和管理模式，为大众生活带来更实在的福祉。在教育领域，可大力鼓励在线教育模式，推动知识全球化的"慕课"运动；在医疗领域，推动公立医院的平台化发展，医疗人员成为独立个体与团队，实现自主经营；在静脉产业领域，充分调动公众积极性，使废弃物处理成为新的创业和投资领域。

众创空间培育形成大量瞪羚、独角兽，引发了爆发式增长。众创空间使得很多"创意和想法"有了试错的机会，极大增加了创业的数量，提高了高质量瞪羚出现的可能性。众创空间完全市场化的选择和淘汰机制，使资源得以快速流动和循环，促使包括人才、技术、资本等在内的优质资源流向高质量瞪羚企业，在成熟商业模式和技术路线下进一步成长为独角兽企业，最终将推动原创新兴产业崛起，带来国家经济的大繁荣。

未来发展方向初探

世界进入创新全球化、社交化时代，为创业创新模式的变革打下了基础。创新全球化时代新思想、新模式、新创业、新产业成为聚集创新要素的重要磁体。互联网与移动互联网快速发展驱动进入社交化时代，为创业创新提供了新的聚集地，个人创意可以得到很好的交流碰撞，创新工具和器材通过移动终端实现了向小微化、平民化的过渡。因此，创业创新活动呈现出生态化、民主化、社交化、平台化等新特征，创业的领域、创业的群体更加宽泛，创业的模式更加多元，创业的周期也大大缩短。

随着开放式创新理论及互联网支撑环境的发展，我国已进入开放式创新 2.0 时代，呈现出创新资源全球化、创新主体多元化、创新模式自由化、创新领域跨界化的特征，从外包到众包、从垂直到生态就是最好的例证。

众创空间使创业过程更加开放化，加速创新模式自由化。众创空间可有效链接资金、人才、技术等各类创新资源，形成创业创新生态体系，通过开放式社区为创业者提供互动交流平台，使创业者在创业的不同阶段都能通过开放社区、创新平台等渠道及时获取外脑智慧，解决创业难题，激发有效创新。"众创""众包""众筹""众扶"将打破封闭的产业资源配置方式，让智力资源、产业资源、社会资本更加自由流动。

2015 年 3 月国务院办公厅发布《关于加快众创空间发展服务实体经济转型升级的指导意见》，要求众创空间未来在发展上更多聚焦于实体经济，更多用科技成果来带动量大面广的传统产业升级，更多面向市场的新需求、潜在需求，推动供给侧结构性改革。

结合部分机构的分析，我们认为，未来一段时间，中国众创空间的发展将呈现以下几个特点。

1. 创业环境更加宽容，创业氛围更加浓郁，创业服务机构更加完善。
2. 创业的领域更趋多元，投资机会越来越多。
3. 政府的"制度红利"要比"人口红利"更大，创业数量仍将增长。
4. 在一些明星创业者的带动下，短期内会有大量的人和资本涌入这一领域，争做中国版的 WeWork。

总体来看，众创空间单一"数桌子"的收租模式必将被淘汰。专家一致看好的是孵化器模式和创业加速器模式，它们都需要构造一种对内自足、对外开放的生态体系，这代表了我国众创空间的发展趋势。

作为国内众创空间的代表，优客工场其实比它的老师 WeWorK 走得更快也更远。优客工场并不是单纯的联合办公空间，其定位是创业加速器，打造服务平台及创业生态圈，包括服务商平台、建立商学院、媒体平台及众筹平台等，其服务商以企业级服务为主，包括财务、法律工商、人力、IT 等服务。这些资源平台都是外来者很难在短时期内建立起来的。

凿开公司间的隔栅
共享时代的联合办公

根据《直觉公司2020年报告》(*Intuit 2020 Report*)的统计结果,到2020年时,40%的美国劳动力将没有老板。即使是那些有老板的劳动者,其中很多人也会是自由职业者和虚拟员工,只是名义上属于某个公司。

从原始人类开始的狩猎采集者到如今的联合办公空间工作者,工作始终是生存的条件,为了获得报酬换取安全。而未来,科技将成为解放劳动者的工具,笔记本(平板)电脑、智能手机、互联网以及越来越多的免费办公社交软件,让工作的边界变得越来越模糊,工作的规则由提供者说了算。

从格子间到联合办公空间再到任何一个有网络的地方,咖啡厅、家里、酒店,物理距离可能是80公里以外,甚至不同的国度,乃至自己定义的自由空间与时域的任意组合,成为提供服务的物理空间,但不再需要将很多人聚集到同一个空间。

连接工作服务(超级专家)与需求者(企业)的平台将通过未来科技实现,未来的"联合办公空间"将用虚拟的模式实现全球共享,形成线上空间超级大网,根据需求实现交易。

未来的工作将是分布式的。分布式的办公趋势弱化了办公地点的空间意义,科技和生活方式的改变,促使工作及创业正经历着工业革命以来前所未有的转型。格子间、企业园区、朝九晚五按部就班的刻板工作将成为过去;旧有的工作模式不仅越来越站不住脚,而且越来越不受欢迎;移动办公、碎片式雇佣、协同共享、创新经济将是未来;未来的职场规则是透明、合作、个性化和高度连接。

Automattic（Wordpress 的开发者，估值超 10 亿美元）就是一家完全分布式的公司，远程员工遍布 43 个国家，而 Stack Exchange 与 Upworthy 则让员工可以选择在家工作。

共享办公的终极目标是做一个生态系统，更有效地服务于"众创""众包""众筹""众扶"的创业创新领域。这个生态的核心词汇是好客（Hospitality）、精神（Ethos）、网络（Network）、平台（Platform）、服务（Service）、技术（Technology）。这正是国内以优客工场为代表的一批优秀众创空间努力的方向，通过强大的渠道分发和产品闭环，构建自己的生态王国，也是独角兽与独角兽加速器的完美融合。

一个众创的世纪，正以不可遏制的热情在前方绽放。你我所需要的，只是奋不顾身地投入其中。

结 语

终极目标：让工作回归"原始时代"

在本书中，我们探讨了众创空间出现的原因和其未来发展趋势，对联合办公的兴起和发展进行了梳理和分析，以优客工场的实践和发展为基础，对众创空间在中国的现状进行了分析、解读、概括和总结，并采访了一些众创空间的应用者和在众创空间工作的人们。

众创空间在中国的紊然崛起源于我们处在一个"人人都是自由职业者"的时代，工作的基本规则发生了变化。我大学刚毕业的时候，能够考上公务员或者去一家大国企成为体制内的"职工"是父母们对子女的最高期待，因为这意味着一生安稳、衣食无忧。没想到，随着互联网技术的发展、移动互联网的崛起，一切都已彻底反转。体制内不断衰落，曾经风光无限的外企纷纷裁员，曾经不被我父母那辈人看好的民营企业成为国民经济的重要力量，BAT等大公司为人们所津津乐道，一些公司在短短几年时间内创造财富神话然后迅速衰落，另一些公司则在更短的时间内快速崛起……

这是一个无比动荡的时代,也是一个充满机会的时代。

去做斜杠青年

在这样的时代,工作中你还指望"从一而终"吗?在工业社会,我父母那一辈人的安稳生活已然离我们远去了。我们从周一工作到周五,每天朝九晚六甚至晚八,即便休假也要时时关注电话、微信和电子邮件,和工作实时保持联系。技术变革、经济飞速发展和人口结构变化推动了百年一遇的职业变革,我们的工作方式、地点、时间以及工作的原因都在改变。传统的谋生方式越来越站不住脚,也越来越不受欢迎。一些基于一个个任务、汇聚全球人才的平台不断出现,很多人可以在家工作。技术的发展使得劳动者不需要在某个固定的时间内身处某个特定的空间,笔记本电脑、平板电脑和智能手机成为解放劳动者的工具,2015年,可以在任何地方办公的移动办公者已经超过13亿。办公室可以虚拟化让共享经济迅速发展。自2014年开始,办公室革命在中国发起,表现是众创空间的粲然崛起。

从个人角度来看,斜杠青年越来越多了,人们也越来越愿意去做一个斜杠青年。斜杠青年的英文"slash"最早是由《纽约时报》专栏作家玛希·埃尔博尔(Marci Alboher)提出的,当时她仅仅是用slash去描述和概括自己看到的一种现象,即在纽约越来越多的人拥有多重身份,在写自己头衔的时候,他们会用斜杠来区分不同身份。玛希把这种现象称为斜杠现象(The Slash Effect),并用slash来指代拥有多重身份的人。

结　语
终极目标：让工作回归"原始时代"

斜杠青年能够得到人们的认可，与大的时代背景有关。试想一下，如果是在 20 世纪 80 年代，一个不能安于一份工作、一个职业的人在社会上何以立足？时代变了，价值观变了，如今，斜杠青年成了勇于探索、敢于创新的人们的代名词。对于一些爱折腾的人来说，斜杠青年是一种很自然的人生状态。他们不仅天生喜欢折腾，还能把那些折腾的事坚持到开花结果。对另外一些人来说，斜杠青年则意味着希望，过自己想要的生活的希望。

曾经不止一个人问过我这样的问题：不喜欢自己现在的工作怎么办？说实话，能够通过做自己喜欢的事情来谋生是件极其幸运的事情。大部分人在开始找工作的时候还根本不知道自己喜欢什么。那时我们是用现实的眼光去看待工作，把它仅仅当作一种维持生计的手段，然后用工作之外的时间来做自己喜欢的事情。共享经济的来临，让我们不幸运的、纠结的大多数也有机会既做自己喜欢的事情，并且还能获得维持生计的收入，甚至有可能，业余收入赶上或者超过了工作收入，那么我们就可以成功地把喜欢的事情变成自己真正的事业。

把业余时间"投资"于自我探索，发掘一个新的兴奋点，或发展一个职业之外的身份，这样的生活会更加有趣和充实，或许还会给自己的未来带来很多意想不到的机会。不仅如此，在发展速度越来越快的当今社会，拥有多重技能还可以被看作是一个对抗未来不确定性的自我发展策略，因为很多职业可能逃脱不了将来被智能机器人淘汰的命运。

如今，斜杠青年越来越多，愿意成为斜杠青年的人也越来越多，越来越活跃。他们代表着可能改变甚至制定新的工作规则的那部分力量的崛起。

走出你的房子

当雇佣的外部标志发生了根本性的改变，当稳定的工资、角落里的办公室、前台小姐、专用停车位都消失了时，职场中人留下的最有价值的东西就是他们的经验和人脉。对于用了很多年建立起这些人脉的人来说，自己单干并不意味着这些人际关系就不重要了。有领导才能的人在没有稳定工资收入的情况下也能生活，传统的公司结构更多的是一种附属品。要想获得过上体面生活的收入，就需要你走出去和人交往。

很多独立劳动者之所以流连于咖啡馆，是因为他们想与其他人交往。一开始他们可能并没有打算形成牢固的人际网络，驱动他们的是人类深层的社交需求。然而当他们走出来，无目的地与人交往时，他们发现世界上有很多身怀各种技能的人，他们有助于推进自己的工作项目。

另外，这些独立劳动者常常发现他们能够接触到具有互补能力和不同观点的广泛人群。这些交往提供了专门知识、同事情谊和值得信赖的建议。但是他们也需要成为一个较大群体的一部分以及由此形成的松散联系。群体中的人与我们有相似点，我们可以把他们看成是朋友，而不是敌人。他们又与我们不完全相同，因此能为我们提供新的洞见、更宽广的视角和来自互补行业的信息。从实用的角度来说，这些松散的联系常常是独立劳动者新工作任务、新技能或新工作方法的来源。正如麻省理工学院教授泽维尔·德·苏泽·布里格斯（Xavier de Souza Briggs）所言："人际网络有助于勉强应付，而群体有助于获得成功。"

这就是社群的力量，既是人们的原始驱动，又能提供前进的力量。社群经济是众创空间得以快速发展的基础。

回到工作最初的样子

在人类之初，工作出现了，那是一种基本的、没有商量余地的生存条件。无论技术怎么进步，从更好地猎捕猛犸象的技术到更先进的信息技术，工作始终伴随着我们。事实上，一个最简单也是最根本的事实是，当我们把过去一千年中覆盖在工作上的外在标志、工具和技术都剥去时，我们便只剩下了我们自己，是的，只有我们——70亿的人类。

我们每天早上醒来，都会提出一个古老的问题：今天我们将怎么谋生？所有经济，无论是共享经济还是其他经济，其目的都是把各种才能、观点和活力组合在一起，尝试着回答这个简单的问题。共享经济的真正力量在于更新了对格子间、智能手机、退休金计划和长途通勤的理解，它们再也不能促进经济的发展了，而推动经济发展的是人。将人们的生产力、热情和幸福重新置于我们对工作的思考的中心，是建立充满活力的、可持续且明智有益的未来的关键。

凿开公司间的隔栅
共享时代的联合办公

随着共享经济的崛起，我们站在了百年一遇的机会的风口浪尖上：谋生的同时创造生活。也许伟大的理查德·佛罗里达（Richard Florida）说得再好不过："如今，或许是人类历史上第一次，我们有机会让经济的发展与人的发展协同一致。"那么，你为共享经济做好准备了吗？如果愿意为自己的人生幸福计，愿意为社会的未来发展计，作为一个自由职业者的你，作为具有企业家精神的你，作为愿意在社群关系中重新体会人类原始情感需求的你，是否更加愿意考虑参与联合办公或者进入众创空间工作呢？

后　记

奔跑，永不停歇

　　懦夫从不启程，弱者死于路中。奔跑，一刻都不停歇。优客工场的足迹从全国到全球，跻身全球联合办公第一阵营。

　　从起跑到飞跃，不忘初心是我们始终如一的愿景。当消费升级从功能需求转为精神需求，城市空间的内容属性将全面取代功能属性，场景创新将变得尤其重要。

　　通过多维度、多层次的社群及场景构建，优客工场已经形成了一整套独创的社群生态运营逻辑，即产品即场景、分享即获取、跨界即链接、流行即流量。用户体验更开放、更自由、更有激情的工作氛围。

　　优客工场估值已近人民币70亿元，完成了6轮融资。截至2017年元旦，全球布局18座城市的66个场地，包括北京、上海、深圳、南京、西安、天津、青岛、厦门、武汉、杭州、重庆、昆明、烟台、太原、成都、新加坡、纽约、伦敦。聚集了1 000余家怀揣梦想的企业，拥有超过3万名的会员，目前优客工场开业超过半年的场地平均入住率都已经超过了85%。

未来一到三年，优客工场生态体系内全球布局预计将达到32座城市、约160个场地，可提供10万个工位，总办公面积将达到70万平方米。

把边界都打破

近几年，我们遇见这个时代最积极的创业者、创新者；我们不断探索着共享经济、联合办公更多的可能性；我们提供富有创造力的办公场景；我们打造跨越时空的精神联合体和利益共同体社群；我们产品升级从功能消费到精神内核；我们通过线上系统进行精益化运营，以此推动联合办公行业在中国的快速发展。

不断完善线上系统，是这几年中我们最为重要的一项工作。2016年4月，优客工场App正式上线，历时249天57次迭代，最终呈现了拥有线上租赁、服务交易、办公社交、数据平台四大核心功能的线上办公社交平台，达到领先水平。更有意思的创新升级功能有很多，如全新的U物，所有新鲜好玩的创新产品都可以在这个平台之上共享，形成撮合交易。

伴随着优客工场App的上线，一个庞大的社群慢慢培育起来，我们在线上发布了 800 余场活动，既有娱乐 party，也有干货沙龙，线上报名人数达 3 600 余人。这是优客工场的使命之一——营造更开放、更有激情的社交环境。

现在，有超过 80 000 个 App 用户，自发组建了 257 个社交圈，而这些兴趣标签与分类信息同样为我们构建庞大的创投数据库沉淀了宝贵的信息，我们愿意分享更多基于社交、企业服务、投融资的信息于整个行业。

生态的扩张

回望过去的 2016 年，于优客工场而言，关键的是"生态"这两个字。

在优客工场，大家看到的绝不仅仅是物理的一张张桌子，也不止于只是一个办公空间的解决方案，每一张桌子的背后都无时无刻地发生着化学反应。通过组建社群、建立社交、垂直服务，每一个服务商都被有效地链接在这条生态链上，通过合作实现共赢。

过去不到两年的时间里，优客工场通过股权投资加大联合办公的服务生态体系，以增强每一个投资板块之间的强连接。至此战略入股了包括无界空间、UFO 空间、优客里邻传媒、优和维尔高端医疗、幂次方学院、泛优咨询、跑哪儿、知呱呱、企业盒子、AA 加速器等 18 家优秀创新企业，涉及联合办公空间、创业教育、高端医疗、互联网＋体育、传媒等多个领域。2017 年，这个数字将超过 25 家。

幂次方学院是优客工场创业生态圈最早的成员，课程包括创业公开课、创业深度沙龙、硅谷全栈工程师课程、科技行业集群加速、青少年创新营地项目。已开展线下公开课 16 次，线下沙龙 9 次，线上微信课 25 次，加速营 1 期，技术培训 23 次，学员人次 9 000~10 000 人。

2016 年，优客工场先后投资无界空间、UFO 等数家联合办公空间，竭力帮助年轻的创业企业健康成长，与更多优秀的空间产生合作，促进整个行业的良性发展。目前，无界空间总计运营 8 个场地，总面积约 20 000 平方米，提供近 3 000 个工位。UFO 是中原地区首家联合办公空间，已布局 6 座城市，运营 12 个场地，场地面积近 3 万平方米，可提供 5 000 余工位，服务企业（团队）超过 150 家，投资企业 10 家，主要为服务企业、消费升级类企业。

共享的未来

共享办公其实是过去近两年的时间里，中国经济发展过程中出现的一个极具标志性的商业模式。但让我们兴奋不已的是，优客工场把脉了行业的发展，推动了行业标准的建立。

在 2016 年，优客工场签约了超过 480 多个精选服务商，服务行业囊括政务、金融、法律、人力资源、营销推广、软件及服务、运动与健康、旅行与交通、吃喝娱乐、行政 9 大类别。而这些服务措施也都会交织在一起，用户通过优客工场的网站、App 就能轻松找到自己所需的服务。

后 记
奔跑，永不停歇

投融资平台同时面向创业者和投资人两大群体开放，2016年，优客工场举办了12场路演，包括红杉资本、真格基金在内的60余家投资机构、投资人参与。

值得一提的是，优客工场一直在倡导一种入驻即服务的共享理念，在联合办公社区入驻的每一家企业、个人，都可以成为服务的一部分。我们欣喜地发现，入驻企业之间已经自发地产生了很多化学反应，甚至出现横跨体育、消费、娱乐等多个行业的资源合作与互助。

平行世界的人不止于在这里相遇，相伴，共同进步，才是优客工场为之努力的动力所在。

未来，我们将与所有的城市积极分子一起，继续坚持探索联合办公的商业模式，打造一个不像办公室的办公室，让共享经济的本质充分释放，让更多平行世界的创新者相遇，优客工场与你们一起，在创业与创新的道路上，一路奔跑下去。

北京阅想时代文化发展有限责任公司为中国人民大学出版社有限公司下属的商业新知事业部，致力于经管类优秀出版物（外版书为主）的策划及出版，主要涉及经济管理、金融、投资理财、心理学、成功励志、生活等出版领域，下设"阅想·商业""阅想·财富""阅想·新知""阅想·心理""阅想·生活"以及"阅想·人文"等多条产品线，致力于为国内商业人士提供涵盖先进、前沿的管理理念和思想的专业类图书和趋势类图书，同时也为满足商业人士的内心诉求，打造一系列提倡心理和生活健康的心理学图书和生活管理类图书。

阅想·商业

《创业融资：风投不会告诉你的那些事》
- 三位经验丰富的风投操盘手，深挖风投行业的秘密，分享经得起严酷现实考验的经验之作。
- 一本帮助中国创业者成功敲开风投大门的全流程实战指导书。
- 从商业计划、风投投资策略、公司估值到与风投谈判，手把手教你如何成功搞定风投。

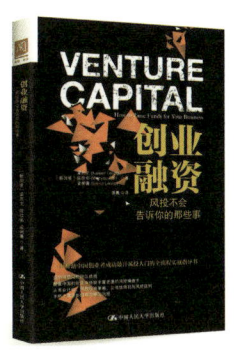

《创业生存记：如何经营好一家初创企业》
- 这不是一本教创业者如何做产品的书，而是一本让初创企业生存下来的书。
- 从启动、融资到退出，美国麻省理工博士用自己的10年创业奋斗史、56条忠告手把手教初创者迈向成功创业之路。

《精益创业：打造大公司的创新殖民地》

- 微软精益创业培训，湖南卫视专题报道，北大创业营推荐。
- 埃里克·莱斯精益创业理念的落地与实践。
- 帮助企业消除内部创新的"绊脚石"，释放企业创新创业的无限可能。

《啮合创业：在斯坦福学创业规划》

- 哈佛、斯坦福顶级学府、清华 x-lab 创新创业课教材。
- 首创创新创业啮合前行模型，超实用工具包，9 大齿轮协调共进，助力创新创业，打造属于你的成功之路！

《创新的七宗罪：为什么创新会失败》

- 麻省理工学院创新实验室权威专家、国际公认企业思想和实践意见领袖呕心之作。
- 从心理学层面深刻剖析企业创新失败的根源，帮助企业寻找最大化创新成功的可能性，并给出了建设性的解决方案。

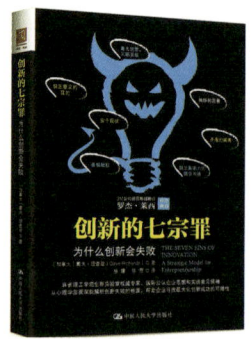

图书在版编目（CIP）数据

凿开公司间的隔栅：共享时代的联合办公 / 毛大庆，高冬梅著. -- 北京：中国人民大学出版社，2017.4

ISBN 978-7-300-23929-3

Ⅰ.①凿… Ⅱ.①毛… ②高… Ⅲ.①企业管理 Ⅳ.①F272

中国版本图书馆CIP数据核字（2017）第007960号

凿开公司间的隔栅：共享时代的联合办公

毛大庆　高冬梅　著
Zaokai Gongsijian de Gezha : Gongxiang Shidai de Lianhe Bangong

出版发行	中国人民大学出版社		
社　　址	北京中关村大街31号	邮政编码	100080
电　　话	010-62511242（总编室）		010-62511770（质管部）
	010-82501766（邮购部）		010-62514148（门市部）
	010-62515195（发行公司）		010-62515275（盗版举报）
网　　址	http：//www.crup.com.cn		
	http：//www.ttrnet.com（人大教研网）		
经　　销	新华书店		
印　　刷	北京联兴盛业印刷股份有限公司		
规　　格	155mm×230mm　16开本	版　次	2017年4月第1版
印　　张	17　插页2	印　次	2017年4月第1次印刷
字　　数	198 000	定　价	75.00元

版权所有　　侵权必究　　印装差错　　负责调换